CONTEÚDO DIGITAL PARA ALUNOS

Cadastre-se e transforme seus estudos em uma experiência única de aprendizado:

1

Entre na página de cadastro:
https://sistemas.editoradobrasil.com.br/cadastro

2

Além dos seus dados pessoais e dos dados de sua escola, adicione ao cadastro o código do aluno, que garantirá a exclusividade do seu ingresso à plataforma.

4380518A4391972

3

Depois, acesse: **https://leb.editoradobrasil.com.br/**
e navegue pelos conteúdos digitais de sua coleção **:D**

Lembre-se de que esse código, pessoal e intransferível, é valido por um ano. Guarde-o com cuidado, pois é a única maneira de você acessar os conteúdos da plataforma.

ASSIM eu APRENDO

Gramática

ORGANIZADORA: EDITORA DO BRASIL

5

Ensino Fundamental

5ª edição
São Paulo, 2022

Dados Internacionais de Catalogação na Publicação (CIP)
(Câmara Brasileira do Livro, SP, Brasil)

Assim eu aprendo gramática 5 / organizadora Editora do Brasil. -- 5. ed. -- São Paulo : Editora do Brasil, 2022. -- (Assim eu aprendo)

ISBN 978-85-10-09293-7 (aluno)
ISBN 978-85-10-09291-3 (professor)

1. Língua portuguesa - Gramática (Ensino fundamental) I. Série.

22-117284 CDD-372.61

Índices para catálogo sistemático:

1. Língua portuguesa : Gramática : Ensino fundamental 372.61

Cibele Maria Dias - Bibliotecária - CRB-8/9427

5ª edição / 2ª impressão, 2023
Impresso na HRosa Gráfica e Editora

Rua Conselheiro Nébias, 887
São Paulo, SP – CEP 01203-001
Fone: +55 11 3226-0211
www.editoradobrasil.com.br

Direção-geral: Vicente Tortamano Avanso

Direção editorial: Felipe Ramos Poletti
Gerência editorial de conteúdo didático: Erika Caldin
Gerência editorial de produção e design: Ulisses Pires
Supervisão de design: Dea Melo
Supervisão de arte: Abdonildo José de Lima Santos
Supervisão de revisão: Elaine Cristina da Silva
Supervisão de iconografia: Léo Burgos
Supervisão de digital: Priscila Hernandez
Supervisão de controle de processos editoriais: Roseli Said
Supervisão de direitos autorais: Marilisa Bertolone Mendes

Supervisão editorial: Diego da Mata
Edição: Claudia Padovani e Natalie Magarian
Assistência editorial: Gabriel Madeira Fernandes, Márcia Pessoa e Olivia Yumi Duarte
Revisão: Andréia Andrade, Bianca Oliveira, Fernanda Sanchez, Gabriel Ornelas, Giovana Sanches, Jonathan Busato, Júlia Castello, Luiza Luchini, Maisa Akazawa, Mariana Paixão, Martin Gonçalves, Rita Costa, Rosani Andreani e Sandra Fernandes
Pesquisa iconográfica: Alice Matoso e Enio Lopes
Tratamento de imagens: Robson Mereu
Editora de arte: Josiane Batista
Design gráfico: Patrícia Lino
Capa: Andrea Melo e Patrícia Lino
Imagem de capa: Sandra Serra
Ilustrações: Bruna Ishihara, Claudia Marianno, Eduardo Belmiro, Ilustra Cartoon, Marcos Guilherme e Zenilda Santos
Editoração eletrônica: NPublic/Formato Comunicação
Licenciamentos de textos: Cinthya Utiyama, Jennifer Xavier, Paula Harue Tozaki e Renata Garbellini
Controle de processos editoriais: Bruna Alves, Julia do Nascimento, Rita Poliane, Terezinha de Fátima Oliveira e Valéria Alves

APRESENTAÇÃO

Caro aluno,

Esta coleção de gramática foi elaborada para os cinco primeiros anos do Ensino Fundamental com base em nossa experiência em sala de aula, no dia a dia com as crianças.

Ela foi pensada para você, com o objetivo de conduzi-lo a uma aprendizagem simples e motivada.

A gramática é um importante instrumento de comunicação em diversas esferas. Portanto, estudá-la é indispensável para a comunicação eficaz.

O domínio da gramática ocorre principalmente por meio da prática contínua. Por isso apresentamos uma série de atividades variadas e interessantes. O conteúdo está organizado de tal modo que temos certeza de que seu professor ficará à vontade para aprofundar, de acordo com o critério dele, os itens que julgar merecedores de maior atenção conforme a receptividade da turma.

Acreditamos, assim, que esta coleção tornará o estudo da gramática bem agradável e útil tanto para você quanto para o professor.

Os organizadores

Ilustra Cartoon

SUMÁRIO

Capítulo 10

Capítulo 11

Capítulo 12

Capítulo 13

Capítulo 14

Capítulo 15

Capítulo 16

Capítulo 17

Capítulo 18

Capítulo 19

ASSIM É SEU LIVRO

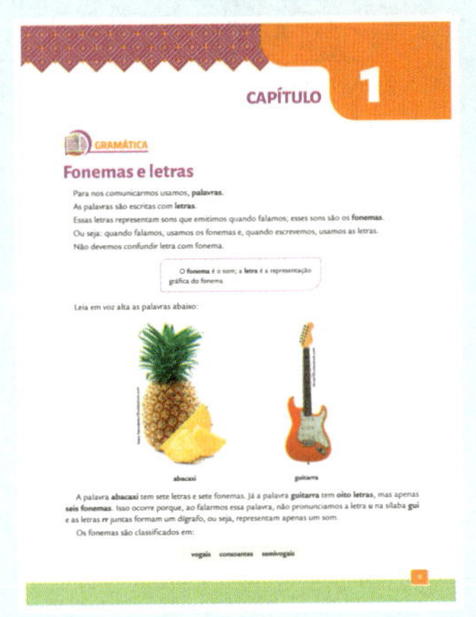

Gramática

Esta seção apresenta, de forma clara e objetiva, o conteúdo principal estudado no capítulo.

Atividades

Nesta seção, você pratica o que aprendeu em atividades diversificadas e interessantes, preparadas especialmente para esse momento de sua aprendizagem.

Ortografia

Aqui você encontra atividades que o ajudarão no aprendizado da escrita.

Recordando o que você aprendeu

Para lembrar de tudo o que aprendeu durante o ano, nesta seção há novos exercícios para você praticar. Assim, estará preparado para avançar nos estudos.

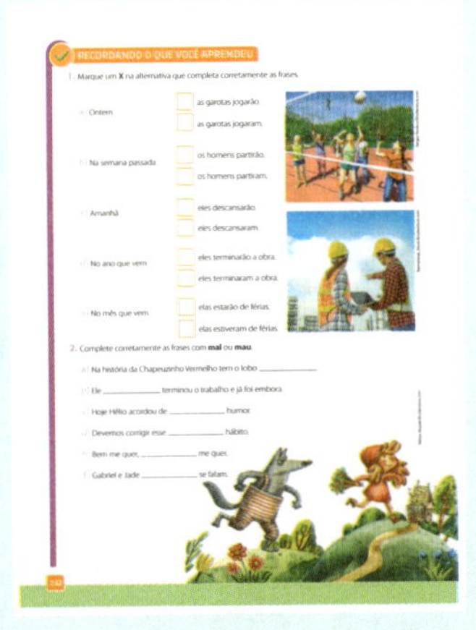

CAPÍTULO 1

GRAMÁTICA

Fonemas e letras

Para nos comunicarmos, usamos **palavras**.

As palavras são escritas com **letras**.

Essas letras representam sons que emitimos quando falamos; esses sons são os **fonemas**.

Ou seja: quando falamos, usamos os fonemas e, quando escrevemos, usamos as letras.

Não devemos confundir letra com fonema.

> O **fonema** é o som; a **letra** é a representação gráfica do fonema.

Leia em voz alta as palavras abaixo:

abacaxi

guitarra

A palavra **abacaxi** tem sete letras e sete fonemas. Já a palavra **guitarra** tem **oito letras**, mas apenas **seis fonemas**. Isso ocorre porque, ao falarmos essa palavra, não pronunciamos a letra **u** na sílaba **gui** e as letras **rr** juntas formam um dígrafo, ou seja, representam apenas um som.

Os fonemas são classificados em:

vogais **consoantes** **semivogais**

Vogais são fonemas produzidos pela passagem livre de uma corrente de ar pela boca.

Os fonemas vocálicos são: A – É – Ê – I – Ó – Ô – U.

Semivogais são os fonemas **i** e **u** quando pronunciados fracamente ao lado de uma vogal, formando com ela uma só sílaba.

Exemplos: p**ai**, chap**éu**.

Nesses exemplos, **a** e **e** são **vogais** porque são pronunciadas **mais fortemente** que o **i** e o **u**, que são **semivogais** porque são pronunciadas **mais fracamente** que o **a** e o **e**.

Observe este outro exemplo:

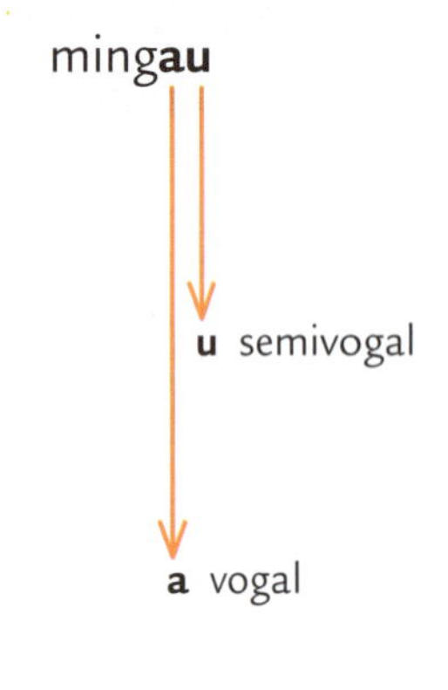

Julia Sudnitskaya/Shutterstock.com

Consoantes são fonemas produzidos com a presença de obstáculos à passagem da corrente de ar pela boca.

Há 21 consoantes:

B C D F G H J K L M N P Q R S T V W X Y Z

Na língua portuguesa, a letra **h** é muda, pois não indica som algum. Na palavra **hoje**, por exemplo, na primeira sílaba pronunciamos apenas o som da vogal **o**, seguido da consoante **j** e da vogal **e**.

Dá-se o nome de **alfabeto** ao conjunto de letras que representa os fonemas ou sons de uma língua.

As vogais e as consoantes se juntam para formar as **palavras**.

As palavras podem ser escritas com letra **maiúscula** ou **minúscula**.

Usamos **letra maiúscula**:

- em nomes próprios de pessoas, lugares, animais.

  Exemplos: Marina, Belo Horizonte, o cachorro Duque, Avenida Cantareira etc.

- no começo das frases.

  Exemplos: As baleias migram no inverno. / Quando nos encontraremos?

ATIVIDADES

1. Escreva o nome do ser ou objeto representado por cada imagem e indique o número de letras e o número de fonemas da palavra.

a)

cynoclub/Shutterstock.com

c)

Kovaleva_Ka/Shutterstock.com

e)

Alexia Khruscheva/Shutterstock.com

b)

Kuttelvaserova Stuchelova/Shutterstock.com

d)

Anton Donev/Shutterstock.com

f)

www.hollandfoto.net/Shutterstock.com

2. Leia as dicas do quadro e complete o diagrama com as respostas.

1. Sinais gráficos que usamos ao escrever.
2. Sons pronunciados quando falamos.
3. Fonemas produzidos pela passagem livre de uma corrente de ar pela boca.
4. Conjunto de letras que representam os fonemas de uma língua.
5. Fonemas **i** e **u** que se unem a uma vogal formando uma só sílaba.

3. Leia um trecho do conto de fadas "Rapunzel" e complete as palavras com **c** ou **ç**.

Era uma vez um ______asal que há muito tempo desejava inutilmente ter um filho. Os anos se passavam, e seu sonho não se realizava. Afinal, um belo dia, a mulher per______ebeu que Deus ouvira suas pre______es. Ela ia ter uma crian______a!

Por uma janelinha que havia na parte dos fundos da ______asa deles, era possível ver, no quintal vizinho, um magnífico jardim cheio das mais lindas flores e das mais vi______osas hortali______as. Mas em torno de tudo se erguia um muro altíssimo, que ninguém se atrevia a es______alar. Afinal, era a propriedade de uma feiti______eira muito temida e poderosa.

Claudia Marianno

Um dia, espiando pela janelinha, a mulher se admirou ao ver um ______anteiro cheio dos mais belos pés de rabanete que jamais imaginara. As folhas eram tão verdes e fresquinhas que abriram seu apetite. E ela sentiu um enorme desejo de provar os rabanetes.

A cada dia seu desejo aumentava mais. Mas ela sabia que não havia jeito de ______onseguir o que queria e por isso foi fi ______ ando triste, abatida e com um aspecto doentio, até que um dia o marido se assustou e perguntou:

— O que está acontecendo contigo, querida?

— Ah! – respondeu ela. — Se não ______omer um rabanete do jardim da feiticeira, vou morrer logo, logo!

O marido, que a amava muito, pensou: "Não posso deixar minha mulher morrer... Tenho que conseguir esses rabanetes, custe o que ______ustar!".

Ao anoitecer, ele encostou uma escada no muro, pulou para o quintal vizinho, arrancou apressadamente um punhado de rabanetes e levou para a mulher. Mais que depressa, ela preparou uma salada que comeu imediatamente, deli______iada.

[...]

BRASIL. Ministério da Educação. *Alfabetização*: livro do aluno – Contos tradicionais, fábulas, lendas e mitos. Brasília, DF: MEC, 2000. v. 2, p. 36. Disponível em: www.dominiopublico.gov.br/download/texto/me001614.pdf. Acesso em: 12 maio 2022.

a) Copie as palavras que você completou no quadro abaixo.

Palavras com a letra C representando o som de K	Palavras com a letra C representando o som de S	Palavras com a letra Ç
____________	____________	____________
____________	____________	____________

- Observe a posição que as letras **c** e **ç** ocupam nessas palavras e como são pronunciadas. Depois, complete as frases.

Antes de ______, ______ e ______, a letra **c** representa o som de **k**.

Antes de ______ e ______, a letra **c** representa o som de **s**.

O **cê-cedilha** é usado sempre antes das vogais ______, ______ e **u** e representa o som de **s**.

Na nossa língua, não existem palavras que começam com **ç**.

b) Observe as palavras do quadro.

criança magnífico tempo jardim anos rabanetes viçosas escada dia sonho

- Agora, coloque-as em ordem alfabética.

____

____

c) Reescreva esse trecho do conto empregando a letra maiúscula quando necessário.

ela achou o sabor da salada tão bom, mas tão bom, que no dia seguinte seu desejo de comer rabanetes ficou ainda mais forte. para sossegá-la, o marido prometeu-lhe que iria buscar mais um pouco. quando a noite chegou, pulou novamente o muro mas, mal pisou no chão do outro lado, levou um tremendo susto: de pé, diante dele, estava a feiticeira.

BRASIL. Ministério da Educação. *Alfabetização*: livro do aluno – Contos tradicionais, fábulas, lendas e mitos. Brasília, DF: MEC, 2000. v. 2. Disponível em: www.dominiopublico.gov.br/download/texto/me001614.pdf. Acesso em: 12 maio 2022.

____

____

____

____

____

ORTOGRAFIA

Palavras com h

1. Leia um trecho do conto de fadas "As roupas novas do Imperador".

Há muito, muito tempo, vivia em um reino distante um imperador vaidosíssimo.

Seu único interesse eram as roupas. Pensava apenas em trocar de roupas, várias vezes ao dia; desfilava vestes belíssimas, luxuosas e muito caras para a corte.

Um belo dia, chegaram à capital do reino dois pilantras, muito **habilidosos** em viver às custas do próximo.

volkanakmese/Shutterstock.com

BRASIL. Ministério da Educação. *Alfabetização*: livro do aluno - Contos tradicionais, fábulas, lendas e mitos. Brasília, DF: MEC, 2000. p. 78. Disponível em: www.dominiopublico.gov.br/download/texto/me001614.pdf. Acesso em: 12 maio 2022.

a) Observe a palavra destacada no texto e assinale a que tem sentido semelhante.

☐ incapazes ☐ experientes ☐ malvados

A letra **h** no início das palavras não representa fonema.

b) Leia em voz alta estas duas palavras do texto.

Há habilidosos

- Agora, responda: Qual é o som inicial delas?

____

2. Acrescente, se necessário, a letra **h** no início das palavras a seguir. Se tiver dúvidas, consulte o dicionário. Depois, copie as palavras.

a) _____igiene _______________

b) _____úmido _______________

c) _____istória _______________

d) _____ontem _______________

e) _____umilde _______________

f) _____abitante _______________

g) _____antena _______________

h) _____élice _______________

i) _____omenagem _______________

j) _____indígena _______________

CAPÍTULO 2

GRAMÁTICA

Encontros vocálicos

Leia o poema a seguir.

Existiu ou não existiu

M**eu** dente f**oi** ficando mole... c**aiu**.
O passarinho da g**aio**la... fug**iu**.
A m**ãe** se arrum**ou** toda... s**aiu**.
Parec**ia** que **ia** chorar, mas r**iu**.
Dinoss**au**ro parece impossível, mas... exist**iu**.

Claudia Marianno

Laura Goés. *Livro de leitura*: aprender brincando. São Paulo: Quinteto Editorial, 1990.

Observe as vogais em destaque que aparecem juntas nas palavras do texto. Nessas palavras, todas elas fazem parte de encontros vocálicos.

Encontro vocálico é o encontro de duas vogais ou de uma vogal e uma ou duas semivogais.

Há três tipos de encontros vocálicos: **ditongo**, **hiato** e **tritongo**.

Ditongo é o encontro de uma vogal e uma semivogal em uma mesma sílaba.

Exemplos: c**oi**sa, explicaç**ão**, fever**ei**ro.

O ditongo pode ser **nasal** ou **oral**.

O **ditongo é nasal** quando o som da vogal sai pela boca e pelo nariz.

O **ditongo é oral** quando o som da vogal sai apenas pela boca.

Veja os exemplos a seguir:

Ditongos nasais	m**ãe** ver**ão**
Ditongos orais	céu deixar

> **Tritongo** é o encontro de uma semivogal, uma vogal e outra semivogal em uma mesma sílaba.

Exemplos: ig**uai**s, Parag**uai**, sag**uão**.

Separamos as sílabas dessas palavras assim:

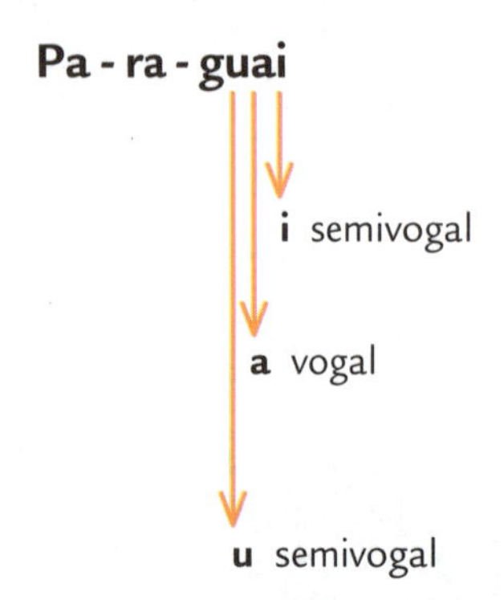

Pyty/Shutterstock.com

> **Hiato** é o encontro de duas vogais pronunciadas separadamente, em sílabas diferentes.

Exemplos: a-le-gri-a, co-e-lho, sa-ú-de.

ATIVIDADES

1. Circule os ditongos das palavras.

a) noite
b) madeira
c) mãe
d) balão
e) ameixa
f) cenoura
g) pão
h) cacau
i) caixa
j) prefeito
k) aula
l) besouro
m) lareira
n) saudade
o) beijo
p) mau
q) ação
r) biscoito

2. Marque a alternativa que apresenta os elementos que formam o tritongo.

a) ☐ vogal + semivogal + vogal

b) ☐ semivogal + vogal + vogal

c) ☐ semivogal + vogal + semivogal

d) ☐ semivogal + semivogal + vogal

e) ☐ vogal + vogal + semivogal

3. Leia a receita para responder às perguntas a seguir.

Cookies integrais

Fortyforks/Shutterstock.com

Ingredientes

- 80 g de óleo de girassol;
- 1 xícara de açúcar mascavo;
- 1 xícara de farinha de trigo;
- ½ xícara de aveia;
- ½ xícara de castanha-de-caju picada;
- ¼ de xícara de gotas de chocolate 70%;
- 1 ovo;
- 1 colher de sopa de fermento.

Modo de preparo

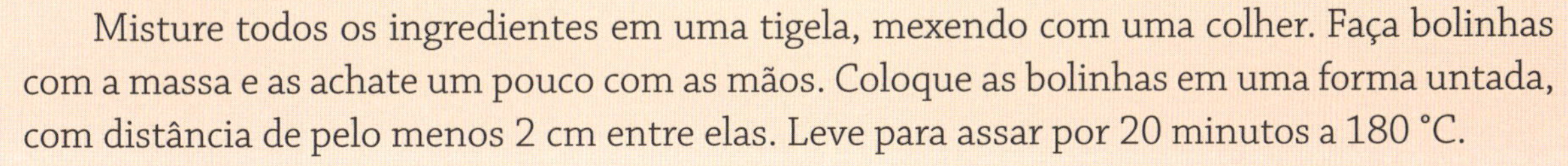

Misture todos os ingredientes em uma tigela, mexendo com uma colher. Faça bolinhas com a massa e as achate um pouco com as mãos. Coloque as bolinhas em uma forma untada, com distância de pelo menos 2 cm entre elas. Leve para assar por 20 minutos a 180 °C.

Raquel Drehmer. 4 receitas simples de doces para fazer com as crianças neste fim de semana. *Bebê*, São Paulo, 25 nov. 2020. Disponível em: https://bebe.abril.com.br/alimentacao-infantil/4-receitas-simples-de-doces-para-fazer-com-as-criancas-neste-fim-de-semana/. Acesso em: 13 maio 2022.

As **receitas** ensinam como preparar um alimento ou uma bebida. Elas geralmente estão organizadas em duas partes: **ingredientes** e **modo de preparo**.

a) Qual é a finalidade do texto que você acabou de ler?

____

b) Onde esse texto foi publicado?

____

c) A receita está organizada em quantas partes? Quais são elas?

____

d) Confira a fonte no final do texto. Qual é o perfil dos seus leitores?

____

____

Nas **receitas**, geralmente, os verbos estão no **modo imperativo**, que expressa ordem, orientação ou conselho (exemplos: misture, unte, asse etc.).

Os verbos também podem estar no **infinitivo**. Por exemplo: "Untar a forma e depois colocar a massa para assar.".

4. Observe os verbos em destaque neste trecho.

> **Misture** todos os ingredientes em uma tigela, mexendo com uma colher. **Faça** bolinhas com a massa e as **achate** um pouco com as mãos. **Coloque** as bolinhas em uma forma untada, com distância de pelo menos 2 cm entre elas. **Leve** para assar por 20 minutos a 180 °C.

a) Os verbos destacados estão conjugados em que modo?

____

b) O que esse modo verbal expressa? Assinale a alternativa correta.

- [ ] Dúvida, incerteza.
- [ ] Orientação, ordem.
- [ ] Possibilidade.

5. Escreva as palavras dos quadros, separando as sílabas. Depois, classifique os encontros vocálicos em ditongos nasais, ditongos orais, tritongos ou hiatos.

a) integrais cacau pouco mãos distância ingredientes

____

____

____

b) mãe capitão país flauta dia leite água enxaguei

____

____

____

c) coração pai saguões queixa maresia averiguei limão saúde

____

____

____

ORTOGRAFIA

Palavras com s representando o som de z

A letra **s** entre vogais representa o som de **z**. Exemplos: aviso, crise, raposa.
O **s** depois de ditongo representa o som de **z**. Exemplos: lousa, náusea, repouso.

1. Complete as palavras com a letra **s** e, depois, copie-as.

a) avi_____o ____________________

b) ga_____olina ____________________

c) ro_____eira ____________________

d) bra_____a ____________________

e) prince_____a ____________________

f) atra_____o ____________________

g) despe_____a ____________________

h) pesqui_____a ____________________

i) empre_____a ____________________

j) anali_____ar ____________________

Claudia Marianno

2. Circule as palavras do quadro em que o **s** representa o som de **z**. Depois, use as palavras circuladas para completar as frases.

cansaço decisão sorriso surpresa sino paisagem Elisa

a) Do topo da montanha se vê uma bela ____________________.

b) Meus amigos fizeram uma ____________________ para o meu aniversário.

c) A ____________________ abriu um belo ____________________.

d) Nós discutimos e tomamos uma ____________________ a respeito do problema.

3. Leia estas palavras e copie-as no quadro, na coluna correspondente.

amizade asa azaleia azeite aviso frase defesa
anzol conclusão Amazônia paraíso dezenove

Palavras com Z	Palavras com S representando o som de Z

4. Leia as regras do jogo "O que mudou?" e complete as palavras indicadas com **s** ou **z**.

O que mudou?

[...] Qua_____e uma brincadeira infantil, esse é o jogo dos sete erros da vida real. As regras são bem simples: o grupo escolhe um cômodo da ca_____a e o jogador da ve_____ fica so_____inho neste cômodo, para poder mudar algum objeto de lugar.

Ao retornarem, os demais devem adivinhar o que mudou naquele local. A dica é fa_____er mudanças sutis e difíceis para que o jogo fique mais interessante. Outra maneira de jogar é fa_____er com que apenas uma pessoa saia do cômodo e o grupo provoque mudanças no ambiente.

Claudia Marianno

Essa brincadeira exercita a memória vi_____ual, pois para sair vencedor é preci_____o prestar muita atenção no ambiente e lembrar como ele estava antes da rodada. É uma habilidade para poucos.

ESQUEÇA os aplicativos! Veja os melhores jogos analógicos para fazer em grupo! *Sanofi Medley Farmacêutica*, São Paulo, c2022. Disponível em: www.medley.com.br/blog/saude-social/brincadeiras-em-grupo. Acesso em: 13 maio 2022.

a) Qual é a finalidade desse texto? Assinale a resposta correta.

- [ ] Questionar as regras de um jogo.
- [ ] Explicar a origem de um jogo.
- [ ] Ensinar o leitor a brincar com um jogo.

b) Você conhecia esse jogo? Se não conhecia, acha que conseguiria jogá-lo sem saber as regras?

____

c) Qual é a primeira etapa do jogo?

____

____

d) Depois dessa primeira etapa, qual é a próxima?

____

____

5. Observe as imagens e forme uma frase com cada uma delas. **Dica**: todas elas devem conter palavras em que o **s** representa o som de **z**!

a) paulaphoto/Shutterstock.com

____

____

____

b) IVASHstudio/Shutterstock.com

____

____

____

c) Dragon Images/Shutterstock.com

____

____

____

CAPÍTULO 3

GRAMÁTICA

Encontros consonantais

Leia o texto.

Bicicletas

coloridas
seguem li**vr**es
sem **pr**incípio e fim
seus caminhos
nas cal**ç**adas
pelos pa**rq**ues a correr
e nos levam a de**sc**o**br**ir
o encanto que é viver [...]

Sérgio Napp. *No cafundó das estrelas*. São Paulo: Paulinas, 2013. p. 10.

Observe as consoantes destacadas nas palavras do texto. Elas estão juntas, mas representam **sons diferentes**. Esses grupos de consoantes formam os chamados **encontros consonantais**.

> **Encontro consonantal** é o grupo formado por mais de uma consoante sem vogal intermediária, que não seja dígrafo, isto é, em que cada consoante do encontro seja pronunciada com um som diferente.

O encontro consonantal pode acontecer:

- na mesma sílaba ⟶ bi-ci-**cl**e-ta, li-**vr**es;
- em sílabas diferentes ⟶ ca**l**-**ç**a-das, pa**r**-**q**ues.

> Quando um encontro consonantal tem **l** ou **r** como **segunda consoante**, ele fica sempre na mesma sílaba.

Exemplos:

- teclado ⟶ te-**cl**a-do;
- descobrir ⟶ des-co-**br**ir.

Há, ainda, alguns encontros consonantais que aparecem no início das palavras e que também são inseparáveis. Exemplos: **pn**eumático, **ps**icólogo.

ATIVIDADES

1. Circule os encontros consonantais.

a) brinquedo
b) prato
c) atleta
d) planta
e) admirável
f) elétrico
g) vidraça
h) creme
i) magro
j) digno
k) advogada
l) gramática
m) bravo
n) palavra
o) flora
p) pedra
q) absoluto
r) flanela
s) pregador
t) grupo
u) clima
v) ritmo
w) pneu
x) cobrador

2. Complete as palavras com os encontros consonantais que estão faltando e, depois, separe as sílabas.

a) a______icultura ____________________________

b) ______igadeiro ____________________________

c) ele______icidade ____________________________

d) som______a ____________________________

e) ______avura ____________________________

f) ______imo ____________________________

g) com______etar ____________________________

h) ______oresta ____________________________

i) ______esente ____________________________

j) ______anela ____________________________

Mariusz Szczygiel/Shutterstock.com

diogoppr/Shutterstock.com

3. Escreva uma palavra para cada encontro consonantal.

a) bl ____________________

b) cl ____________________

c) fl ____________________

d) gl ____________________

e) pl ____________________

f) tl ____________________

g) br ____________________

h) dr ____________________

i) fr ____________________

j) gr ____________________

k) pr ____________________

l) tr ____________________

4. Leia o poema a seguir.

A centopeia

Quem foi que primeiro
teve a ideia
de contar um por um
os pés da centopeia?

Se uma pata você arranca
será que a bichinha manca?

E responda antes que eu esqueça
se existe o bicho de cem pés

será que existe algum de cem cabeças?

Bruna Ishihara

Marina Colasanti. *Cada bicho seu capricho*. 5. ed. São Paulo: Global, 2000.

a) Na primeira estrofe, o eu lírico faz uma pergunta para quem?

____

b) Transcreva do poema outro verso que comprove sua resposta.

____

c) Copie as palavras que rimam no poema.

____

____

d) Quantos versos possui cada estrofe?

____

____

e) Copie a palavra da primeira estrofe que contém encontro consonantal.

____

5. Agora, observe no quadro abaixo outras palavras do poema que têm encontros consonantais.

responda esqueça existe algum

a) Circule os encontros consonantais dessas palavras.

b) Quais delas têm encontros consonantais na mesma sílaba? E em sílabas diferentes?

____

ORTOGRAFIA

Consoantes não acompanhadas de vogal

Na separação silábica, as consoantes **não** acompanhadas de vogal, conhecidas como **consoantes mudas**, devem ficar na sílaba anterior.

Exemplos:

- a**bs**oluto → a**b**-**s**o-lu-to
- a**dv**ogado → a**d**-**v**o-ga-do
- di**gn**o → di**g**-**n**o

1. Observe a capa do gibi a seguir.

Capa de gibi com personagens criados por Mauricio de Sousa.

a) Qual é o título do gibi? E o título da história publicada no gibi?

____

b) Observe os personagens ilustrados na capa. O que eles estão fazendo?

____

____

____

____

c) Assinale as alternativas que indicam corretamente os recursos gráficos usados na capa para transmitir os sentimentos dos personagens da história.

☐ O caçador está com expressão facial apavorada e correndo dos ursos que estão atrás dele.

☐ O papagaio está triste e com as asas fechadas.

☐ A Monica está com expressão facial travessa e corajosa.

☐ Cebolinha está fugindo, mas sua expressão facial não demonstra que ele está assustado.

d) Na palavra **observadores**, na capa do gibi, a consoante **b** é muda, ou seja, não vem acompanhada de vogal. Como deve ficar a divisão silábica dessa palavra?

____

2. Circule as consoantes mudas nas palavras abaixo. Depois, faça a divisão silábica de cada uma delas.

a) afta ____________________

b) opção ____________________

c) ritmo ____________________

d) submarino ____________________

e) abstrato ____________________

f) digno ____________________

g) advogado ____________________

h) aptidão ____________________

Simon Shin kwangsig/Shutterstock.com

3. Complete as palavras com as consoantes que estão faltando e, depois, copie-as.

a) ecli_____se ____________________

b) di_____nidade ____________________

c) o_____jeto ____________________

d) he_____tare ____________________

e) a_____dômen ____________________

f) si_____no ____________________

g) su_____solo ____________________

h) ada_____tação ____________________

IgorZh/Shutterstock.com

CAPÍTULO 4

GRAMÁTICA

Dígrafos

Leia o quadrinho a seguir em voz alta.

Ziraldo. *Três vezes Maluquinho*. São Paulo: Globo, 2011. p. 6.

Ao falarmos a palavra **espelho**, as letras **lh** são pronunciadas em um único movimento da boca. Ou seja, essas duas letras se juntam e representam **um só fonema**.

> Quando duas letras se encontram representando **um só fonema**, temos um **dígrafo**.

São dígrafos: **ch**, **lh**, **nh**, **rr**, **ss**, **sc**, **sç** e **xc** (quando seguidos de **e** ou **i**), **gu**/**qu** (quando o **u** não for pronunciado. Exemplo: **gu**erra, **qu**eijo).

> Nos grupos **gu** e **qu**, se a letra **u** for pronunciada, não há dígrafo, e sim **ditongo** ou **tritongo**. Exemplo: a**qu**oso, **gu**arda, sag**uão**.

Leia em voz alta e compare as palavras abaixo:

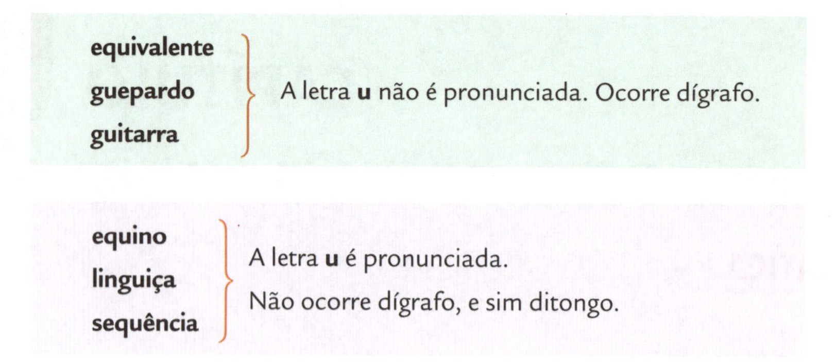

equivalente
guepardo
guitarra

A letra **u** não é pronunciada. Ocorre dígrafo.

equino
linguiça
sequência

A letra **u** é pronunciada.
Não ocorre dígrafo, e sim ditongo.

Há **dígrafos** que representam **consoantes**:

- **qu** representa o mesmo som que a letra **c** na palavra **casa**;

  Exemplos: **qu**eda, **qu**ina.

- **gu** representa o mesmo som que a letra **g** na palavra **galo**;

  Exemplos: **gu**erreiro, **gu**ichê.

- **ch** representa o mesmo som que a letra **x** na palavra **caixa**;

  Exemplos: **ch**ão, **ch**uva.

- **rr** representa o mesmo som que a letra **r** nas palavras iniciadas por **r**, como em **ralo**;

  Exemplos: ama**rr**a, co**rr**ida.

- **ss** representa o mesmo som que a letra **s** nas palavras iniciadas por **s**, como em **sal**;

  Exemplos: ace**ss**o, pre**ss**a.

- **sc**, **sç** e **xc** representam o mesmo som que a letra **s** nas palavras iniciadas por **s**.

  Exemplos: cre**sc**er, flore**sç**a, e**xc**eção.

Há dígrafos que representam as **vogais nasais**. Isso ocorre porque parte do som emitido por esses dígrafos passa pelo nariz. São **dígrafos nasais**:

- **am** e **an**: têm o som de **ã** ⟶ s**am**ba - ali**an**ça
- **em** e **en**: têm o som de **ẽ** ⟶ **em**pada - p**en**te
- **im** e **in**: têm o som de **ĩ** ⟶ **im**pacto - c**in**to
- **om** e **on**: têm o som de **õ** ⟶ **om**bro - p**on**te
- **um** e **un**: têm o som de **ũ** ⟶ b**um**bo - j**un**to

Na divisão silábica, separamos as letras dos dígrafos **rr**, **ss**, **sc**, **sç** e **xc**, mas **não** separamos as letras dos dígrafos **ch**, **lh**, **nh**, **qu** e **gu**. Exemplos:

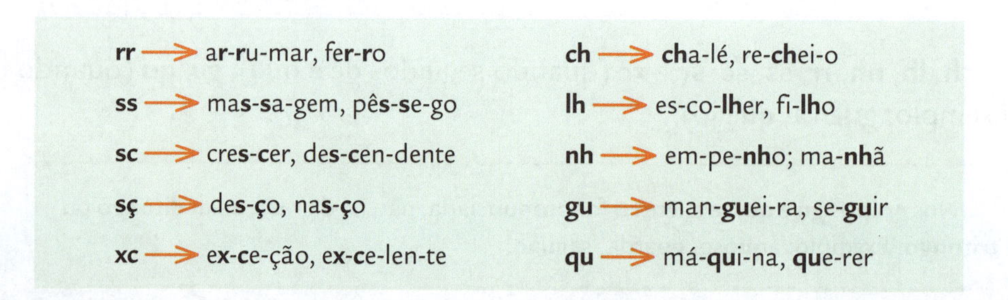

rr ⟶ a**r**-**r**u-mar, fe**r**-**r**o
ss ⟶ ma**s**-**s**a-gem, pê**s**-**s**e-go
sc ⟶ cre**s**-**c**er, de**s**-**c**en-dente
sç ⟶ de**s**-**ç**o, na**s**-**ç**o
xc ⟶ e**x**-**c**e-ção, e**x**-**c**e-len-te
ch ⟶ **ch**a-lé, re-**ch**ei-o
lh ⟶ es-co-**lh**er, fi-**lh**o
nh ⟶ em-pe-**nh**o; ma-**nh**ã
gu ⟶ man-**gu**ei-ra, se-**gu**ir
qu ⟶ má-**qu**i-na, **qu**e-rer

ATIVIDADES

1. Sublinhe os dígrafos das palavras a seguir.

a) carro
b) enchente
c) guia
d) cresça
e) osso
f) malhar
g) nascer
h) quilo
i) excesso
j) gaguejar
k) chuvisco
l) correto

2. Complete as palavras com os dígrafos que estão faltando.

a) padri_____o
b) rejuvene_____a
c) e_____eto
d) abe_____a
e) es_____erdo
f) fo_____ete
g) pa_____ageiro
h) ca_____orro
i) na_____imento

3. Em cada série de palavras há uma em que **não** há ocorrência de dígrafo. Encontre-a e circule-a.

a) piscina – damasco – crescer – excelente – nasça
b) queixa – esquilo – esquimó – equino – esquentar
c) encantado – ombro – incrível – anta – canoa

4. Leia um trecho do conto de fadas "O soldadinho de chumbo", de Hans Christian Andersen.

Numa loja de brinquedos havia uma caixa de papelão com vinte e cinco soldadinhos de chumbo, todos iguaizinhos, pois haviam sido feitos com o mesmo molde. Apenas um deles era perneta: como fora o último a ser fundido, faltou chumbo para completar a outra perna. Mas o soldadinho perneta logo aprendeu a ficar em pé sobre a única perna e não fazia feio ao lado dos irmãos.

[...]

Ao lado do pelotão de chumbo se erguia um lindo castelo de papelão, um bosque de árvores verdinhas e,

Claudia Marianno

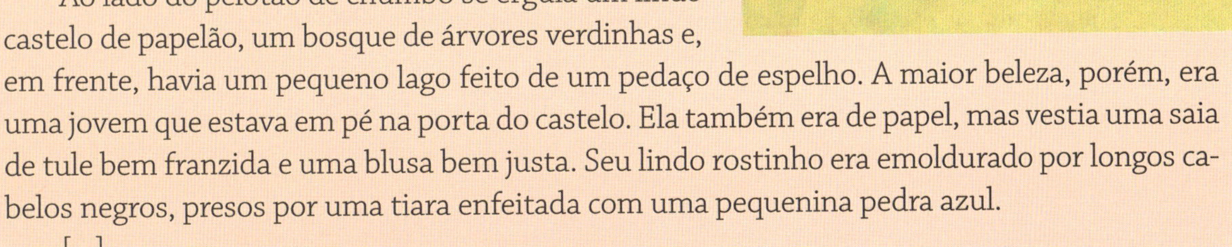

em frente, havia um pequeno lago feito de um pedaço de espelho. A maior beleza, porém, era uma jovem que estava em pé na porta do castelo. Ela também era de papel, mas vestia uma saia de tule bem franzida e uma blusa bem justa. Seu lindo rostinho era emoldurado por longos cabelos negros, presos por uma tiara enfeitada com uma pequenina pedra azul.

[...]

"Mas é claro que ela não vai me querer para marido", pensou entristecido o soldadinho, suspirando. "Tão elegante, tão bonita... Deve ser uma princesa. E eu? Nem **cabo** sou, vivo numa caixa de papelão, junto com meus vinte e quatro irmãos."

BRASIL. Ministério da Educação. *Alfabetização*: livro do aluno – Contos tradicionais, fábulas, lendas e mitos. Brasília, DF: MEC, 2000. v. 2, p. 64. Disponível em: www.dominiopublico.gov.br/download/texto/me001614.pdf. Acesso em: 15 maio 2022.

a) Releia o último parágrafo do conto e observe a palavra destacada. Em seguida, leia alguns de seus significados.

cabo

cabo (ca.bo)

sm

1. Mil. Patente militar imediatamente abaixo do sargento [...]

3. Geog. Porção litorânea de continente, que se estende ou se projeta na direção do mar, em forma de ponta; PROMONTÓRIO

4. Parte final ou elemento terminal de algo; porção extrema; fim, término

[...]

CABO. *In*: *Dicionário Aulete Digital*, Rio de Janeiro, [20--]. Disponível em: www.aulete.com.br/cabo. Acesso em: 15 maio 2022.

- Qual é o significado da palavra **cabo** no contexto da história? Justifique sua resposta.

____

____

____

b) Agora, releia estes parágrafos e sublinhe as palavras que contêm dígrafos.

Dica: Não precisa sublinhar as palavras que contenham apenas dígrafos nasais!

Numa loja de brinquedos havia uma caixa de papelão com vinte e cinco soldadinhos de chumbo, todos iguaizinhos, pois haviam sido feitos com o mesmo molde. Apenas um deles era perneta: como fora o último a ser fundido, faltou chumbo para completar a outra perna. Mas o soldadinho perneta logo aprendeu a ficar em pé sobre a única perna e não fazia feio ao lado dos irmãos.

[...]

"Mas é claro que ela não vai me querer para marido", pensou entristecido o soldadinho, suspirando. "Tão elegante, tão bonita... Deve ser uma princesa. E eu? Nem cabo sou, vivo numa caixa de papelão, junto com meus vinte e quatro irmãos."

- Copie as palavras que você sublinhou. **Atenção:** Não precisa copiar as palavras repetidas.

____

____

- Agora, circule os dígrafos das palavras que copiou.
- Por que, na palavra **quatro**, o **u** não forma dígrafo, e sim ditongo?

____

____

Palavras com x ou ch

Emprega-se o **x**:

- depois de um **ditongo** → ameixa, faixa.
- depois de **en** inicial → enxada, enxágue.

São exceções a palavra **encher** e suas derivadas.

- depois da sílaba **me** inicial → mexida, mexilhão.

A única exceção é o substantivo **mecha** (de cabelo).

- nas palavras de origem indígena ou africana → abacaxi, Xangô, xingar, xinxim.

1. Como você acha que o céu foi formado? Será que se formou aos poucos ou apareceu de uma vez, de um dia para o outro?

____

2. Leia, a seguir, uma lenda indígena, de origem xavante, que conta a história da formação do céu.

História do céu

Já existia o céu. Mas ainda estava se formando. O céu ainda estava se criando. Era **baixo** de um lado. Não era como hoje. Era igual a uma onda, levantando só de um lado.

O povo antigo não queria o céu. E foram tentar derrubar com o machado.

Eles batiam, abriam um buraco no céu, mas ele fechava. Imediatamente.

Eles batiam de novo, abriam um buraco e o buraco se fechava. Foram batendo, batendo com o machado e os buracos fechando...

Iam se revezando. Cada um batia um pouco com o machado.

Iam cortando, e o céu se fechando...

Então desistiram de derrubar:

— Vamos deixar! Não estamos conseguindo cortar o céu!

Foi assim. Assim que o povo antigo tentou derrubar o céu.

Assim que se criou o céu.

Bruna Ishihara

BRASIL. Ministério da Educação. *Alfabetização*: livro do aluno – Contos tradicionais, fábulas, lendas e mitos. Brasília, DF: MEC, 2000. v. 2, p. 122. Disponível em: www.dominiopublico.gov.br/download/texto/me001614.pdf. Acesso em: 15 maio 2022.

Em seguida, respondas às perguntas.

- De acordo com a lenda, o céu surgiu de repente ou foi se formando aos poucos? Justifique sua resposta com um trecho do texto.

____

____

3. Observe a palavra destacada no texto.

a) Qual é a regra que deve ser aplicada para justificar o uso da letra **x**, e não **ch**, na palavra destacada? Assinale a resposta certa.

☐ É uma palavra de origem indígena. ☐ Emprega-se **x** depois de um ditongo.

b) Encontre outra palavra no texto que tenha a letra **x**, cujo uso se justifica pela mesma regra empregada na palavra **baixo**.

____

c) As palavras **fechava** e **machado** são escritas com **ch**. Complete as palavras seguintes e assinale o grupo que contém só palavras com **ch**.

☐ me____er dei____ar ca____imbo

☐ fle____a ma____ucado bro____e

☐ en____oval pei____eiro ____uteira

4. Numere as palavras de acordo com a regra do emprego do **x**.

1 Emprega-se **x** depois de ditongo (exemplo: am**ei**xa).

2 Emprega-se **x** depois de **en** inicial (exemplo: **en**xada).

3 Emprega-se **x** depois da sílaba **me** inicial (exemplo: **me**xilhão).

☐ mexerica	☐ deixar	☐ enxame
☐ peixada	☐ mexido	☐ faixa
☐ mexicano	☐ enxuto	☐ enxague

5. Complete as palavras com **x** ou **ch**. Depois, escreva as palavras completas.

a) cai____ote ______________

b) ____arope ______________

c) ____aleira ______________

d) ____adrez ______________

e) en____er ______________

f) fe____adura ______________

g) ____erife ______________

h) an____ova ______________

i) ca____umba ______________

j) mo____ila ______________

k) ____uteira ______________

l) be____ga ______________

m) ____apa ______________

n) en____ame ______________

CAPÍTULO 5

GRAMÁTICA

Divisão silábica

Leia o poema em voz alta, prestando atenção às palavras em destaque.

Te conto que me contaram

Te conto **que** me contaram
que os contos **andam** soltos.
Saíram de não sei onde
com saudade a tiracolo.

Parece que todos juntos
acordam de repente,
com o ensaio das **cigarras**
espalhando seus segredos.
[...]

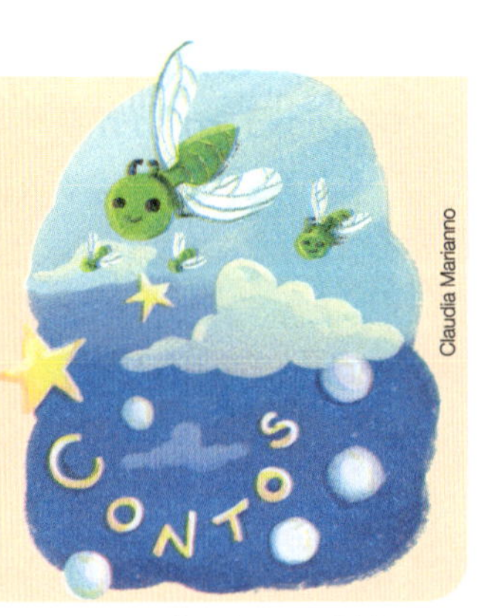

Claudia Marianno

Gloria Kirinus. *Te conto que me contaram*. São Paulo: Cortez, 2004. p. 4

Ao falarmos uma palavra, abrimos a boca de acordo com a quantidade de sílabas que há nessa palavra.

> **Sílaba** é um fonema ou grupo de fonemas pronunciados de uma só vez.

Releia as palavras abaixo, em destaque no texto:

que　　**an-dam**　　**ci-gar-ras**　　**es-pa-lhan-do**

Essas palavras têm, respectivamente, uma sílaba, duas sílabas, três sílabas e quatro sílabas.

Conforme o número de sílabas, as palavras são classificadas em:

- **monossílabas**: palavras que têm apenas uma sílaba.
  Exemplos: mar, pão.
- **dissílabas**: palavras que têm duas sílabas.
  Exemplos: bo-la, ca-sa.
- **trissílabas**: palavras que têm três sílabas.
  Exemplos: ca-bi-de, te-sou-ra.
- **polissílabas**: palavras que têm quatro ou mais sílabas.
  Exemplos: bi-ci-cle-ta, ri-no-ce-ron-te.

Sílaba tônica

Em todas as palavras, há uma sílaba que é pronunciada com mais intensidade. Veja estes exemplos retirados do poema que você leu.

A palavra **com** é uma monossílaba tônica, pois ela é toda pronunciada com mais intensidade.

Na palavra **todos**, a sílaba mais forte é **to**.

Na palavra **acordam**, a sílaba mais forte é **cor**.

Na palavra **tiracolo**, a sílaba mais forte é **co**.

A sílaba mais forte de uma palavra chama-se **sílaba tônica**.

Sílaba tônica é a sílaba pronunciada com mais intensidade.

Contamos as sílabas do **fim** para o **começo** da palavra (só contamos as três últimas sílabas). Assim:

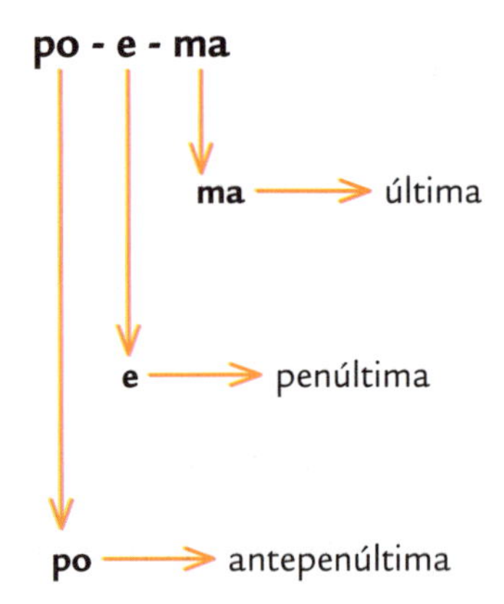

Quanto à **posição da sílaba tônica**, as palavras classificam-se em:

- **oxítonas:** quando a sílaba tônica é a **última** sílaba da palavra.

  Exemplos: a**mar**, a**tor**, cho**rar**.
- **paroxítonas:** quando a sílaba tônica é a **penúltima** sílaba da palavra.

  Exemplos: **nu**vem, por**tei**ro, **som**bra.
- **proparoxítonas:** quando a sílaba tônica é a **antepenúltima** sílaba da palavra.

  Exemplos: **cô**modo, **dú**vida, **sé**timo.

ATENÇÃO

Todas as palavras **proparoxítonas** recebem acento gráfico.

As palavras que têm apenas uma sílaba, as monossilábicas, dividem-se em:

- **monossílabos átonos:** os monossílabos pronunciados com pouca intensidade e que não possuem acentuação.

  Exemplos: a, nos, uns.
- **monossílabos tônicos:** os monossílabos pronunciados com bastante intensidade.

  Exemplos: mês, nós, pó.

Acentuam-se os **monossílabos tônicos** terminados em **a**, **e** ou **o**, seguidos ou não de **s**.

Exemplos: lá, pé, pôs.

Não se acentuam:

- os monossílabos tônicos terminados em **i** ou **u**, como: ti, tu, cru, nu;
- os monossílabos átonos em geral: a, te, lhe, em.

ATIVIDADES

1. Leia um trecho desta lenda indígena.

As lágrimas de Potira

Muito antes de os brancos atingirem os sertões de Goiás, em busca de pedras preciosas, existiam por aquelas partes do Brasil muitas tribos indígenas, vivendo em paz ou em guerra e segundo suas crenças e hábitos.

Numa dessas tribos, que por muito tempo manteve a harmonia com seus vizinhos, viviam Potira, **menina contemplada por Tupã com a formosura das flores**, e Itagibá, jovem forte e valente.

Era costume na tribo as mulheres se casarem cedo e os homens assim que se tornassem guerreiros.

Quando Potira chegou à idade do casamento, Itagibá adquiriu sua condição de guerreiro. Não havia como negar que se amavam e que tinham escolhido um ao outro. Embora outros jovens quisessem o amor da indiazinha, nenhum ainda possuía a condição exigida para as bodas, de modo que não houve disputa, e Potira e Itagibá se uniram com muita festa.

[...]

Claudia Marianno

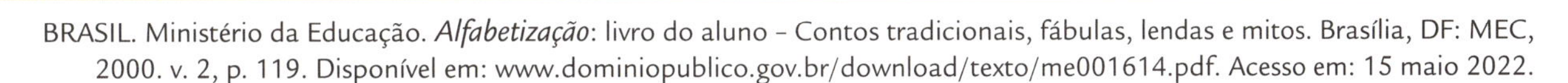

BRASIL. Ministério da Educação. *Alfabetização*: livro do aluno - Contos tradicionais, fábulas, lendas e mitos. Brasília, DF: MEC, 2000. v. 2, p. 119. Disponível em: www.dominiopublico.gov.br/download/texto/me001614.pdf. Acesso em: 15 maio 2022.

a) Quais são os personagens desse trecho?

____

b) Releia o segundo parágrafo do texto, observando o trecho destacado.

- Tupã, na mitologia tupi, é cultuado como a divindade suprema. Com base nessa informação, responda: O que significa o trecho em destaque?

☐ Que a menina era protegida pelas flores da aldeia.

☐ Que Potira recebeu de Tupã uma grande beleza.

☐ Que o guerreiro Tupã protegia a menina de qualquer perigo.

2. Releia o trecho a seguir.

> Quando Potira chegou à idade do casamento, Itagibá adquiriu sua condição de guerreiro.

- Agora, copie no quadro as palavras monossílabas, dissílabas, trissílabas e polissílabas deste trecho.

Monossílabas	Dissílabas	Trissílabas	Polissílabas
______	______	______	______
______	______	______	______

3. Sublinhe a sílaba tônica de cada palavra.

a) anel
b) sábado
c) lagarto
d) irmão
e) sabonete
f) página
g) caderno
h) toalha
i) xarope
j) mala
k) mulher
l) jabuti
m) papel
n) verdura
o) caju
p) porta
q) líquido
r) peteca
s) cândida
t) prato

4. Leia as dicas e complete o diagrama com as respectivas respostas. **Atenção**: todas elas são proparoxítonas!

1. Ciência que estuda as relações entre os números.
2. Muito envergonhado.
3. Pessoa que, para entreter outras pessoas, realiza truques.
4. Profissional que cuida de doentes.
5. Recipiente em que se cria animais aquáticos.

5. Numere as palavras conforme a tonicidade.

[1] oxítona [2] paroxítona [3] proparoxítona

a) [ ] página
b) [ ] papel
c) [ ] polenta
d) [ ] fechadura
e) [ ] azul
f) [ ] estômago

ORTOGRAFIA

Palavras com m ou n

Antes das consoantes **b** e **p**, usa-se a consoante **m**. Exemplos: campo, limpo, tampa, tempestade.
Antes das outras consoantes, usa-se **n**. Exemplos: antena, cantoria, encantado, tinta.

1. Leia este trecho de um artigo de divulgação científica e complete as palavras com **m** ou **n**.

ANIMAIS COM SUPERPODERES

ByronD/istockphoto.com
Agulhão-de-vela.

AB Photographie/Shutterstock.com
Carcaju (ou glutão).

[...]. Os animais mais rápidos da natureza – terra, ar e mar – são o guepardo (*cheetah*), o falcão-peregrino e o agulhão-de-vela. O falcão-peregrino pode chegar a 320 km/h num voo em mergulho! Curiosidade: como proteção para velocidades assim, os falcões possuem uma me_____brana nictitante nos olhos. Ela é transpare_____te, fu_____ciona como uns óculos.

Os golfinhos já foram utilizados pela Marinha americana para localizar bo_____ bas e minas dura_____te a Segu_____da Guerra Mu_____dial graças ao seu poder de ecolocalização, como um sonar. Tem mais: o personagem Wolverine foi inspirado num animal com o mesmo nome, sí_____bolo do estado do Michigan, Estados Unidos. Ele ta _____bém é conhecido como glutão ou carcaju. É muito forte e tem garras poderosas. [...]

Marcelo Duarte. Animais com superpoderes. *Guia dos Curiosos*, [*s. l.*], 18 jun. 2020. Disponível em: www.guiadoscuriosos.com.br/animais/animais-com-superpoderes/. Acesso em: 16 maio 2022.

a) Releia este trecho.

O falcão-peregrino pode chegar a 320 km/h num **voo em mergulho**!

- Partindo-se do princípio de que o falcão-peregrino se alimenta, na maioria das vezes, de outras aves em pleno voo, o que poderia significar a expressão em destaque?

____

____

b) Depois de ler o texto, você consegue deduzir o significado de **nictitante**?

____

____

2. Busque no diagrama palavras com **m** e **n**.

S	Q	M	E	M	B	R	A	N	A	Â	B	Q	T	P	X	V	P	R	U	F
Í	R	H	I	Ô	N	S	B	M	Ô	A	O	E	A	R	M	B	A	S	Z	U
M	I	T	R	S	É	M	A	Z	N	E	M	P	M	Z	W	Z	Q	E	P	N
B	R	L	Â	M	P	A	D	A	N	T	B	Ç	B	I	C	I	S	G	I	C
O	Z	H	I	M	R	S	B	M	J	P	A	W	É	P	A	Q	I	U	W	I
L	D	E	M	P	A	D	A	E	U	D	S	R	M	X	M	S	B	N	J	O
O	Í	S	B	D	W	F	M	Ó	S	B	M	A	M	I	P	K	W	D	D	N
P	R	T	R	A	N	S	P	A	R	E	N	T	E	P	O	Q	P	A	Q	A

- Agora, escreva as palavras do diagrama no quadro, nas colunas correspondentes.

Palavras com M antes de P	Palavras com M antes de B	Palavras com N

3. Complete as palavras com **m** ou **n**. Depois, escreva a palavra completa.

a) bo____bom ____________________

b) pe____te ____________________

c) corre____te ____________________

d) mere____da ____________________

e) lara____ja ____________________

f) ba____bolê ____________________

g) co____vite ____________________

h) sara____po ____________________

i) domi____go ____________________

j) conte____te ____________________

k) mora____go ____________________

l) enco____tro ____________________

CAPÍTULO 6

GRAMÁTICA

Acento agudo e acento circunflexo

Leia a tirinha.

Tirinha com Armandinho, de Alexandre Beck.

Na palavra **difícil** é empregado um acento gráfico: o **acento agudo**.

O **acento agudo** indica a vogal tônica em algumas palavras. Também indica o som aberto das vogais **a**, **e** e **o**.

Outros exemplos: gambá, régua, zíper, abóbora.

Já na palavra **você** foi usado outro acento gráfico: o **acento circunflexo**.

O **acento circunflexo** indica a vogal tônica em algumas palavras e o som fechado das vogais **a**, **e** e **o**.

Outros exemplos: âncora, caratê, metrô.

Acento grave

Leia a frase e observe a letra destacada:

As crianças foram juntas **à** praia brincar.

New Africa/Shutterstock.com

Na letra **à**, há um acento gráfico, o **acento grave** (`).

O **acento grave** é o sinal indicador da crase.

Crase é o encontro da preposição **a** (= para) com o artigo **a**.

Usa-se a **crase** antes de palavras femininas.

Exemplos:

Escrevo **à** menina.
Vou **à** Bahia.

No primeiro exemplo, para saber se há crase, substitua a palavra feminina que vem depois da preposição por uma masculina:

Larissa chegou **à** escola.
Larissa chegou **ao** parque.

Nesse caso, existe crase, pois se no masculino temos **a** + **o** = **ao**, no feminino temos **a** + **a** = **à**.

Agora, veja este outro exemplo:

O texto foi escrito **a** caneta. (**caneta** é palavra feminina.)
O texto foi escrito **a** lápis. (**lápis** é palavra masculina.)

Nesses casos, não existe crase.

Quando se tratar de nomes geográficos, aplique esta regra prática:

Se vou **a** e volto **da**, crase há.
Se vou **a** e volto **de**, crase para quê?

Veja o exemplo:

Vou **à** Paraíba e volto **da** Paraíba. (Existe crase.)
Vou **a** Minas Gerais e volto **de** Minas Gerais. (Não existe crase.)

ATIVIDADES

1. Coloque o acento agudo nas palavras quando necessário.
   a) Jose faz truques de magica.
   b) Quebramos o pe do sofa na casa da vovo.
   c) Fabio foi ao colegio no sabado.
   d) Ja li varias paginas do livro de historias.

2. Reescreva as frases acentuando apenas uma das palavras em destaque. Para isso, observe o sentido da frase.

a) Você **sabia** que o **sabia** sabia assobiar?

____

b) Meus **pais** estão fora do **pais**.

____

c) O **bebe bebe** todo o leite.

____

3. Leia o texto a seguir.

OS VULCÕES NO BRASIL

Os vulcões no Brasil estão extintos há algumas dezenas de milhões de anos. O país se beneficia por estar no centro da placa tectônica sul-americana. A atividade vulcânica mais recente no Brasil ocorreu há cerca de 65 milhões de anos, e resultou na formação de ilhas oceânicas como Trindade e Fernando de Noronha. A cidade de Poços de Caldas (MG) está localizada na cratera de um antigo vulcão que desmoronou. É por isso que a cidade é circular.

O vulcão mais antigo encontrado no Brasil está localizado a 1.600 km de Belém, na bacia do rio Tapajós. Possui 1,85 bilhões de anos, 22 km de diâmetro e deu origem a grandes depósitos de ouro, cobre e molibdênio. Em suas bordas, a caldeira vulcânica apresenta outros pequenos vulcões, surgidos devido à pressão do magma.

Marco Paulo Bahia Diniz/Shutterstock.com

Cidade de Poços de Caldas, no sul do estado de Minas Gerais.

Marcelo Duarte. Os vulcões no Brasil. *Guia dos Curiosos*, [*s. l.*], 5 ago. 2020. Disponível em: https://www.guiadoscuriosos.com.br/ciencia-e-saude/geografia/os-vulcoes-no-brasil/. Acesso em: 15 jan. 2021.

a) Releia o trecho abaixo.

A cidade de Poços de Caldas (MG) está localizada na cratera de um antigo vulcão que **desmoronou**.

- Qual das palavras abaixo pode substituir o termo em destaque sem alterar o seu significado?

☐ desaparece ☐ afundou

☐ desabou ☐ empilhou

São chamadas **proparoxítonas** as palavras que têm como sílaba tônica a **antepenúltima**. Todas as proparoxítonas são acentuadas.

b) Releia o trecho a seguir.

A atividade **vulcânica** mais recente no Brasil ocorreu há cerca de 65 milhões de anos, e resultou na formação de ilhas **oceânicas** como Trindade e Fernando de Noronha.

- Faça a divisão silábica das palavras em destaque e classifique-as quanto à sílaba tônica.

____

São chamadas **paroxítonas** as palavras que têm como sílaba tônica a **penúltima**.

c) Releia a frase a seguir e circule a sílaba tônica das palavras em destaque.

A **cidade** de Poços de Caldas (MG) **está** localizada na cratera de um **antigo** vulcão que desmoronou.

- Copie as outras palavras paroxítonas do trecho.

____

São chamadas **oxítonas** as palavras que têm como sílaba tônica a **última**.
São acentuadas as oxítonas terminadas em **a/as**, **e/es**, **o/os**, **em/ens**.

d) Releia o trecho a seguir.

O **vulcão** mais antigo encontrado no Brasil está localizado a 1.600 km de **Belém**, na bacia do rio **Tapajós**.

- Faça a divisão silábica das palavras em destaque e classifique-as quanto à sílaba tônica.

____

4. Escreva uma frase que contenha o nome dos objetos representados pelas imagens a seguir, acentuando--os corretamente.

a) Roman Voloshyn/Shutterstock.com

____

____

____

____

b) Microgen/Shutterstock.com

____

____

____

____

c) Rawpixel.com/Shutterstock.com

____

____

____

____

d) jittawit21/Shutterstock.com

____

____

____

____

5. Empregue corretamente o acento grave. **Dica**: nem todas as frases apresentam palavras com crase.

a) Minha família foi a Bahia ano passado.

b) Quando vamos a Santa Catarina?

c) Levarei meus primos a Teresina no ano que vem.

d) Henrique foi a Argentina para fazer um intercâmbio.

e) Você pode ir a farmácia para mim?

f) Lucas foi a Goiás conhecer a fazenda dos avós.

g) Quando for a aula, leve esse livro a biblioteca.

Palavras com g ou j

Em algumas palavras, as letras **g** e **j** representam o mesmo fonema.
Exemplos: gelo, jeitoso.
A letra **g** só representa esse som diante das letras **e** e **i**.
Exemplos: giro, geada.
Diante de **a**, **o** e **u** temos de empregar a letra **j** para ter esse som.
Exemplos: jaca, joia, justo.
Antes de **e** e **i** também empregamos a letra **j**.
Exemplos: jeito, jipe.

1. Complete as palavras com **g** ou **j** e, depois, copie-as.

a) laran_____eira ________________

b) an_____o ________________

c) inteli_____ente ________________

d) acara_____é ________________

e) _____inástica ________________

f) berin_____ela ________________

g) _____iló ________________

h) _____engibre ________________

i) ferru_____em ________________

j) in_____eção ________________

k) _____igante ________________

l) di_____estão ________________

2. Ordene as sílabas e escreva as palavras.

a) te | pro | ger ________________

b) jis | lo | ta ________________

c) ma | ge | da ________________

d) ji | a | boi ________________

e) gem | i | ma ________________

f) gir | a ________________

g) re | ce | ja ________________

h) to | jei ________________

i) tan | ri | ge | na ________________

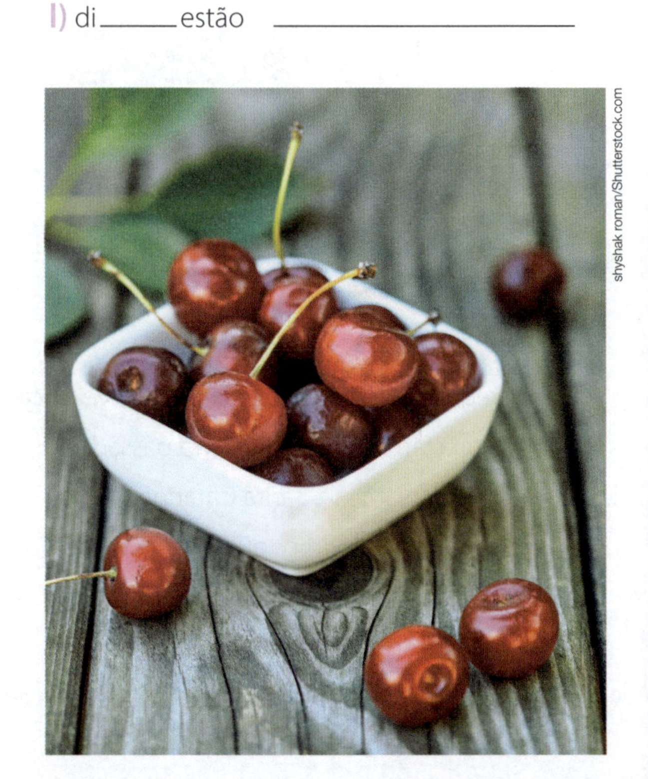
shyshak roman/Shutterstock.com

3. Leia a anedota a seguir.

Joãozinho e Pedrinho, verdadeiros amigos

Joãozinho e Pedrinho chegam muito atrasados para a classe. A professora, com raiva, os repreende:

— Posso saber **o motivo de vocês terem chegado tarde** ao colégio?

— Desculpa, professora — diz Pedrinho —, é que ontem à noite eu sonhei que entrava num avião e ia para a Austrália. E como a viagem era muito longa, eu acordei tarde.

— E você, Joãozinho?

— Eu **fui esperar o Pedrinho no aeroporto**.

AS 10 melhores piadas para crianças. *Sou mamãe*, [*s. l.*], 20 nov. 2017. Disponível em: https://soumamae.com.br/as-10-melhores-piadas-para-criancas/. Acesso em: 21 jan. 2021.

a) Qual foi o motivo apresentado por Pedrinho por ter chegado atrasado na aula?

____

____

- Esse motivo pode ter acontecido realmente? Explique sua resposta.

____

____

b) A anedota tem um final surpreendente que causa o humor. Que final é esse?

____

____

c) Na palavra **colégio**, a letra **g** representa o som de **j**, pois vem antes da vogal **i**. Isso também ocorre quando a letra **g** vem antes da vogal **e**, como na palavra **viagem**. Leia as palavras abaixo e assinale as que também possuem a letra **g** representando o som de **j**.

- [ ] digestivo
- [ ] garoto
- [ ] orgulho
- [ ] margem
- [ ] girassol
- [ ] gorro
- [ ] agente
- [ ] guia
- [ ] paisagem
- [ ] agulha
- [ ] goiaba
- [ ] gelo

Lai Van Duc/Shutterstock.com

CAPÍTULO 7

Sinais de pontuação

Leia este início de conto e observe os sinais destacados.

O cravo

Era uma vez uma rainha que não fora abençoada com filhos. Toda manhã, quando caminhava pelo jardim, ela rezava na esperança de ganhar uma filha ou um filho. Um belo dia apareceu-lhe um anjo e disse: “Alegre-se: você terá um filho, e ele terá o poder de desejar e receber qualquer coisa que queira.” A rainha procurou depressa o rei e lhe contou a boa notícia; e quando chegou a hora eles tiveram um filho que os deixou encantados.

[...]

Claudia Marianno

Irmãos Grimm. *Contos dos Irmãos Grimm*. Rio de Janeiro: Rocco, 2005. p. 43.

Os sinais destacados no texto são alguns exemplos de **sinais de pontuação**.

Pontuação é o emprego de sinais gráficos que ajudam na entonação e na compreensão da leitura.

Observe a tabela abaixo.

Sinais de pontuação	
Ponto final	.
Ponto de interrogação	?
Ponto de exclamação	!
Vírgula	,
Ponto e vírgula	;
Dois-pontos	:
Reticências	...
Travessão	—
Aspas	“ ”
Parênteses	( )

Ponto final

Leia a frase a seguir:

Tiago e Josiane andam de *skate*.

No final da frase, há um **ponto final** (.).

O ponto final indica o fim de uma frase afirmativa ou negativa.

Ponto de interrogação

Leia esta outra frase:

Que horas vamos à festa?

O sinal que você vê no final da frase é o **ponto de interrogação** (?).

O ponto de interrogação indica uma pergunta.

Ponto de exclamação

Leia esta frase:

Que patins legais!

O sinal que vemos no final da frase é o **ponto de exclamação** (!).

O ponto de exclamação é usado em frases exclamativas para expressar sentimentos, emoções ou reações como alegria, tristeza, surpresa, medo, espanto, admiração, entre outras.

Vírgula

A **vírgula** (,) é usada para:

- indicar uma pequena pausa na frase;

Não, nós não vamos mais ao cinema.

- separar nomes de uma relação;

Meus pratos preferidos são macarrão, estrogonofe e feijoada.

- separar, nas datas, o nome do lugar;

Belém, 5 de outubro de 2022.

- separar o vocativo (chamamento);

Mãe, o que almoçaremos hoje?

- separar expressões que indiquem circunstância de tempo ou de lugar.

No dia seguinte, Marcela foi viajar.

Ponto e vírgula

O **ponto e vírgula** (;) é usado quando queremos indicar uma "quebra", mas ainda manter a relação de sentido entre as frases. Observe:

Júlia não saiu de casa**;** ela sabia que ia chover.

Dois-pontos

Os **dois-pontos** (:) são usados:

- para anunciar a fala de alguém;

Rafael olhou para os amigos e disse**:**
– Confio em vocês.

- quando queremos indicar uma enumeração;

Fui ao mercado e comprei várias frutas**:** maçãs, bananas e pêssegos.

- antes de palavras citadas por alguém.

Como disse o filósofo**:** "Penso, logo existo".

Reticências

As **reticências** (...) são usadas, principalmente, para indicar suspensão de um pensamento ou corte em uma frase dita ou pensada por um personagem. Observe:

Íamos à praia, mas**...**

Aspas

As **aspas** (" ") são sinais usados para:

- indicar uma citação;

"A dúvida é o princípio da sabedoria.**"** (Aristóteles)

- destacar uma expressão;

Íamos parar, mas vimos a placa **"**Não estacione**"**.

- citar uma frase de outra pessoa;

"Vamos começar a atividade**"**, disse a professora.

- indicar, em textos narrativos, pensamentos de personagens.

Chegando ao alto da montanha, Nicolas pensou: **"**Que vista linda!**"**.

Travessão

Leia o diálogo a seguir:

> Bruna falou para Andressa:
> — Vou pedir o suco de morango.
> — E eu vou pedir o de laranja — respondeu Andressa.

O **travessão** (**—**) é um traço maior que o hífen e é usado para indicar a fala de alguém.

Ao iniciarmos uma frase com travessão, devemos deixá-lo alinhado ao parágrafo.

Parênteses

Os **parênteses ( )** são usados, geralmente, para acrescentar uma explicação ou informação extra à frase. Também são empregados para esclarecer uma abreviatura ou sigla em um texto. Exemplos:

> Dom Pedro I **(**primeiro imperador do Brasil**)** nasceu em Portugal.
> A Organização das Nações Unidas **(**ONU**)** busca a paz mundial.

1. Use os sinais do quadro para pontuar adequadamente o texto.

? ... . ,

> Era uma vez uma galinha pedrês
> e um galo francês______
> Eram dois______
> ficaram três______
> Queres que te conte outra vez______
> [...]

Marcos Guilherme

Rosane Pamplona. Era uma vez uma galinha pedrês. *In*: Rosane Pamplona. *Era uma vez... três! Histórias de enrolar...* São Paulo: Moderna, 2005. p. 35.

2. Coloque vírgula, ponto final ou dois-pontos quando for necessário. Os dois-pontos deverão ser empregados, neste caso, uma única vez.

> João era um moço forte bonito inteligente sutil e misterioso Ele era perfeito Bem quase perfeito João tinha uma esquisitice só pensava por enigmas
>
> Um dia conheceu uma princesa linda charmosa brilhante faceira e divertida Ela era perfeita Bem quase perfeita Ela era muito muito complicada

Rosinha. *Adivinha só!* São Paulo: Editora do Brasil, 2012. p. 5.

3. Leia a notícia a seguir.

CRIANÇA E NATUREZA SE UNE AO ATO PELA TERRA

Nesta quarta-feira, dia 9/3, acontece, em frente ao Congresso Nacional, em Brasília, às 15h, o "Ato Pela Terra". Esse evento tem por objetivo pressionar as autoridades contra a aprovação de um pacote de projetos de lei que impactam, direta e irreversivelmente, a Amazônia, os direitos humanos e o clima.

[...]

Uma enorme bolha cinza representando a poluição do ar será montada em frente à Esplanada dos Ministérios. Ela faz parte da campanha global "Livre para Brincar Lá Fora", que alerta para os prejuízos que a poluição traz à saúde de crianças e adolescentes.

Segundo dados da Organização Mundial da Saúde **(**OMS**)**, 600 crianças menores de 5 anos morrem a cada ano em nosso país, vítimas de complicações relacionadas à poluição do ar. As queimadas na Amazônia, que têm crescido dramaticamente nos últimos anos, vêm aumentando nossas emissões anuais de CO^2 em 21%, segundo dados do Ipam (Instituto de Pesquisa Ambiental da Amazônia). Ou seja, proteger a floresta e preservá-la em pé, neste momento, é essencial para garantir a saúde das nossas crianças.

[...]

CRIANÇA e Natureza se une ao ato pela terra. *Criança e Natureza*, [*s. l.*], 7 mar. 2022. Disponível em: https://criancaenatureza.org.br/noticias/ato-pela-terra/. Acesso em: 3 jun. 2022.

a) Observe as vírgulas em destaque no trecho abaixo.

Nesta quarta-feira**,** dia 9/3**,** acontece**,** em frente ao Congresso Nacional**,** em Brasília**,** às 15h**,** o "Ato Pela Terra".

- Por quais motivos elas foram empregadas?

____

____

b) No terceiro parágrafo da notícia, qual é a função dos parênteses em destaque?

____

- Copie do texto outra expressão em parênteses e o que ela representa.

____

c) Por que foram usadas aspas nas expressões "Ato Pela Terra" e "Livre para Brincar Lá Fora"?

____

4. Observe o emprego da pontuação no cartaz abaixo e assinale a alternativa que traz uma informação **incorreta**.

Cartaz da Ação Guardião das Águas, Sabesp, São Paulo, São Paulo.

a) ☐ O ponto final foi empregado para indicar o fim de uma frase negativa.

b) ☐ A vírgula foi empregada para separar itens de uma lista.

c) ☐ O ponto de exclamação indica uma orientação a ser cumprida.

ORTOGRAFIA

Palavras com sc ou sç

> Quando as letras **sc** são seguidas das vogais **e** ou **i**, elas representam o som de **s**. Exemplos: nascer, piscina.

1. Complete as palavras abaixo com **sc** ou **sç**. Depois, assinale as palavras em que as letras **sc** ou **sç** representam juntas o som de **s**.

a) ☐ e_____rita	e) ☐ de_____am	i) ☐ de_____obrir
b) ☐ de_____ida	f) ☐ fosfore_____ente	j) ☐ fa_____inante
c) ☐ flore_____a	g) ☐ bu_____ar	k) ☐ cre_____o
d) ☐ de_____anso	h) ☐ rena_____a	l) ☐ ofu_____ar

2. Leia o trecho da peça teatral a seguir.

> Como a **peça teatral** é escrita para ser encenada, ela apresenta informações que orientam os atores, o diretor e demais profissionais que vão trabalhar nela. Essas informações chamam-se **rubricas**. Além disso, para facilitar os ensaios, as falas são precedidas do nome do personagem correspondente.

Bicho de Goiaba: é goiaba ou não é?

[...]

Zona rural. Entra o Bicho de Goiaba cantarolando.

Bicho de Goiaba é goiaba ou não é?
Se é goiaba eu vou fundo
Furo a casca num segundo
Penetro naquele mundo
Branco, verde e cor-de-rosa
Viro semente formosa
Viro uma polpa gostosa
Dengosa e conta prosa
O melhor bicho do pé

Entra o Bicho de Pé.

Bicho de Pé: Chamou, colega?

Bicho de Goiaba: Quem?!

Bicho de Pé: Eu, o Bicho de Pé.

Bicho de Goiaba: De qual pé?

Bicho de Pé: Pé de moleque. Com unha e chulé.

Bicho de Goiaba: Unha? Que fruta esquisita...

Bicho de Pé: Ah, ah, ah! Você não conhece o Bicho de Pé?

Canta.

Sou bicho de pé
Adoro um chulé
Um beijo de queijo
Antes do rapé

[...]

Bicho de Goiaba: Ah... [...] Descobrir afinal quem sou eu. Ser ou não ser, eis a questão!

Bicho de Pé: O quê?!

Bicho de Goiaba: Sim, meu amigo. Eu sempre ouvi todo mundo dizer: bicho de goiaba, goiaba é. Agora eu quero tirar a prova disto.

Bicho de Pé: De quê?

Bicho de Goiaba: Toda a minha vida esperei por este dia. É hoje! Estou crescido, forte e bonito para... furar a goiabinha! E virar goiaba!

Bicho de Pé: Cada doido com sua mania! Vai fundo, colega!

[...]

Bruna Ishihara

Bicho de Goiaba: E sua fruta? Parece goiaba?

Bicho de Pé: Quem me dera ser vegetariano. A minha natureza é outra.

Canta.

Eu gosto é de carne com pele e com sangue.
Pezinho descalço na lama ou no mangue
Como isto está raro, não há quem aguente
Já não há chiqueiros como antigamente

[...]

Bicho de Goiaba: Não chora, colega! Já que a gente se parece tanto, quem sabe não viramos colegas de verdade? Vem, vamos penetrar na festa da goiabeira. E por falar nisso... hum, olha lá uma grandona, brilhante na ponta do galho. Escolha a sua, companheiro! Lá vou eu!

Entra a goiaba e o Bicho de Goiaba se lança a ela com sofreguidão.

[...]

Ivana Andrés. Bicho de goiaba: é goiaba ou não é? *Oficina de Teatro*, [*s. l.*], c2001-2013. Disponível em: https://oficinadeteatro.com/conteudotextos-pecas-etc/pecas-de-teatro/viewdownload/7-pecas-infantis/246-bicho-de-goiaba-e-goiaba-ou-nao-e. Acesso em: 3 jun. 2022.

a) Quais são os personagens que aparecem nesse trecho da peça teatral?

____

b) Releia o trecho a seguir e assinale a alternativa que explica o que o trecho em itálico indica.

Entra o Bicho de Pé.

Bicho de Pé: Chamou, colega?

Bicho de Goiaba: Quem?!

☐ A fala de cada personagem.

☐ A movimentação que o personagem deve fazer em cena.

3. Releia o trecho a seguir.

Bicho de Goiaba: Ah... [...] Descobrir afinal quem sou eu. Ser ou não ser, eis a questão!

[...]

Bicho de Goiaba: Toda a minha vida esperei por este dia. É hoje! Estou crescido, forte e bonito para... furar a goiabinha! E virar goiaba!

a) Agora, circule a palavra em que as letras **sc** representam o som de **s** e sublinhe a palavra em que as letras **sc** não representam juntas esse som.

b) Complete as palavras abaixo com **s** ou **sc** e, depois, assinale aquelas que possuem o mesmo som representado por **sc** na palavra que você circulou.

☐ cre_____imento	☐ a_____ensão	☐ de_____isão
☐ sen_____ação	☐ vi_____ita	☐ flore_____er
☐ hipóte_____e	☐ di_____iplina	☐ eferve_____ente

CAPÍTULO 8

Sinônimos, antônimos e homônimos

Sinônimos

Leia o texto abaixo e observe a palavra destacada.

O móbile

Quatro palhaços
Dançam **contentes**
Soltos no ar
Feito meninos.
[...]

Ilustrações: Bruna Ishihara

Sérgio Capparelli. *111 poemas para crianças*. São Paulo: L&PM, 2003. p. 16.

No poema, a palavra **contentes** poderia ser substituída por **alegres**.

As palavras **contentes** e **alegres** têm sentidos semelhantes. Elas são **sinônimas**.

> **Sinônimos** são palavras que têm a mesma significação em um determinado contexto.

Antônimos

Veja abaixo o contrário da palavra **contentes**.

contentes → descontentes

As palavras **contentes** e **descontentes** têm significados contrários, portanto são **antônimas**.

> **Antônimos** são palavras que têm a significação contrária.

Homônimos

Observe as imagens e leia as frases abaixo de cada uma delas.

Alex Desanshe/Shutterstock.com

Manga é a fruta predileta de Melissa.

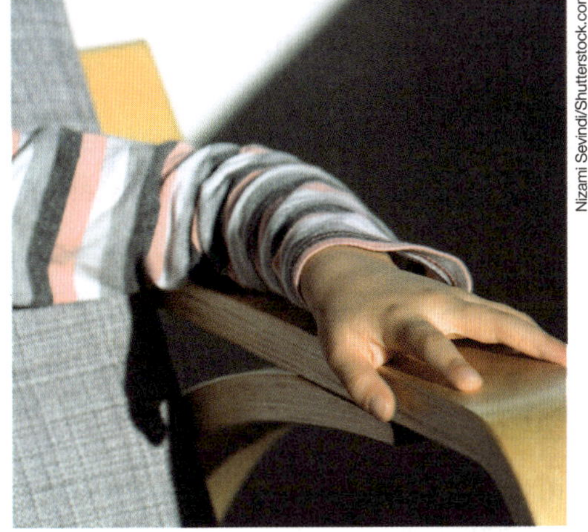

Nizami Sevindi/Shutterstock.com

A **manga** da camiseta de Yuri é listrada.

A palavra **manga** foi escrita da mesma maneira nas duas frases, mas possui significados diferentes. Elas são **homônimas.**

Homônimos são palavras com pronúncia e/ou escrita iguais, mas com significados diferentes.

Veja outros exemplos:

acento/assento   cela/sela   cesta/sexta

ATIVIDADES

1. Ligue cada palavra ao seu sinônimo.

a) cliente	contente
b) alegre	bondoso
c) lembrança	perfume
d) aroma	obstáculo
e) longo	recordação
f) entrave	freguês
g) generoso	comprido

Rawpixel.com/Shutterstock.com

2. Reescreva as frases substituindo as palavras destacadas por um sinônimo.

a) O **garoto** ficou **feliz** com as notícias.

____

b) Meu tio **possui** um **cão imenso**.

____

c) Marcelo **encontrou** sua pipa bem **distante** de casa.

____

d) Os peixes **desapareceram** porque o rio está **repleto** de sujeira.

____

3. Encontre no quadro abaixo os sinônimos das palavras destacadas no texto e copie-os ao lado das palavras correspondentes.

afeto rápidos esconderijo alvo gigantesca encontrava

[...]

Eu a achava linda, querendo imitá-la escorregava no gelo, esse deserto **branco**, até sentir seus dedos gelados e **ágeis** me segurarem. Muitas vezes eu tentava me tornar invisível, mas ela sempre me **achava**, e fazia um carinho com a sua pata **imensa** e deixava fluir seu **amor** por mim. Quando estávamos cansados de nossos passeios pelo Ártico, ela construía um **refúgio** e eu adormecia escondido do caminho do vento.

[...]

HelloMockups/Shutterstock.com

Jussara Braga. *Um urso branco em Nova York*. São Paulo: Editora do Brasil, 2014. p. 7.

a) branco ______________

b) ágeis ______________

c) achava ______________

d) imensa ______________

e) amor ______________

f) refúgio ______________

4. Preencha o diagrama com o antônimo das palavras do quadro.

1. viver
2. pequeno
3. achar
4. bonito
5. maior
6. infeliz

1						
2						
3						
4						
5						
6						

5. Agora, leia duas sinopses sobre o filme *Coraline e o mundo secreto*.

Sinopse 1

CORALINE E O MUNDO SECRETO: 13 CURIOSIDADES QUE VOCÊ NÃO SABIA SOBRE A HISTÓRIA

Apesar de ser um desenho animado, engana-se quem pensa que o filme *Coraline e o mundo secreto* é só uma "história para crianças". Lançado em fevereiro de 2009, o filme pode ser bem assustador – mas, ao mesmo tempo, conquistar o público de várias idades.

Ao se mudar para uma nova casa, Coraline encontra uma porta secreta que a leva para um mundo diferente, onde tudo parece ser muito mais perfeito do que a realidade. Seus novos pais nesse universo são mais atenciosos e amorosos, e a garota tem tudo o que precisa. No entanto, o que parece ser um conto de fadas, acaba virando uma situação bem perigosa e macabra.

Se você é fã do filme ou ficou curioso para saber mais sobre ele, está no lugar certo! Confira 13 curiosidades incríveis sobre a história:

1. O filme foi baseado no livro de Neil Gaiman, mesmo autor da famosa história "Sandman".

2. A obra é considerada a primeira animação em *stop-motion* para o formato 3D. Inclusive, até hoje, foi o desenho mais longo já produzido utilizando essa técnica!

3. O filme teve uma indicação para melhor animação no Oscar de 2010.

4. Coraline foi o primeiro filme lançado pela Focus Features.

5. O filme teve o apoio de 500 pessoas, sendo que 70 delas eram fabricantes de bonecos.

6. A animação levou cerca de quatro anos para ficar pronta. Só o trabalho de fotografia levou 18 meses!

7. Foram necessárias 10 pessoas para fazer uma única boneca da Coraline para as gravações – e o processo demorou de 3 a 4 meses.

8. No total, foram feitas 15.000 expressões faciais à mão. Só para a personagem Coraline, foram feitas 6.300. [...]

12. A adaptação cinematográfica é bem fiel ao livro, fazendo apenas algumas mudanças: na obra literária, por exemplo, a cor da mansão da família não é mencionada. Por isso, os detalhes da "mansão cor-de-rosa" são exclusivos do filme.

13. No filme, Coraline faz amizade com o neto da dona da mansão, Wyborne, mas esse personagem não existe no livro. Ele foi criado para apresentar o local a Coraline, enquanto no livro passamos um longo tempo acompanhando as explorações e descobertas da garota sozinha. [...]

CORALINE e o mundo secreto: 13 curiosidades que você não sabia sobre a história. *Rolling Stone*, São Paulo, 5 maio 2022. Disponível em: https://rollingstone.uol.com.br/noticia/coraline-e-o-mundo-secreto-13-curiosidades-que-voce-nao-sabia-sobre-historia/. Acesso em: 3 jun. 2022.

Sinopse 2

CORALINE E O MUNDO SECRETO

Coraline Jones está entediada em sua nova casa, até que encontra uma porta secreta e descobre uma versão alternativa de sua própria vida do outro lado. Aparentemente esta realidade paralela é muito similar à sua vida e às pessoas com quem convive – só que é muito melhor. Quando este mundo aparentemente perfeito fica perigoso e seus pais alternativos tentam aprisioná-la para sempre, Coraline terá que contar com sua habilidade, determinação e bravura para escapar deste mundo cada vez mais arriscado – e salvar sua verdadeira família.

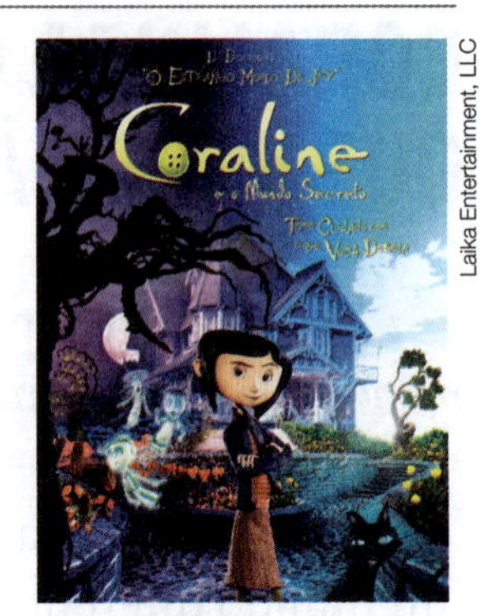

Laika Entertainment, LLC

Cartaz do filme *Coraline e o mundo secreto*.

CORALINE e o mundo secreto. *Amazon*, São Paulo, c2021-2022. Disponível em: www.amazon.com.br/Coraline-E-O-Mundo-Secreto/dp/B07R2FP45P. Acesso em: 3 jun. 2022.

As **sinopses** têm como função apresentar ao leitor um resumo, uma visão geral da obra (livro, filme, série, peça teatral, entre outras).

a) Com base nas fontes em que as sinopses foram publicadas, responda: Quem são os leitores desses textos?

____

b) Releia a sinopse 1. Quais são os elementos que compõem o texto?

____

c) Agora, releia a sinopse 2. Quais informações são apresentadas nela?

____

d) Compare as duas sinopses. Qual delas apresenta informações mais completas para o leitor que deseja assistir ao filme? Por quê?

____

____

e) Observe as palavras **perfeito** e **diferente**, presentes nas sinopses 1 e 2, respectivamente. Empregue os prefixos **in-**, **im-** ou **des-** para escrever os seus antônimos.

____

____

6. Procure no diagrama os antônimos das palavras do quadro.

1. desacordado
2. imobilizar
3. impossível
4. imprudente
5. infinito
6. injusto

F	P	O	S	S	Í	V	E	L	E	H	J
I	D	E	G	I	M	K	O	I	R	S	U
N	E	P	R	U	D	E	N	T	E	R	S
I	Y	G	H	J	Q	I	E	N	E	H	T
T	O	A	C	O	R	D	A	D	O	W	O
O	E	E	F	P	Y	V	A	C	S	T	D
Q	N	M	O	B	I	L	I	Z	A	R	O

7. Observe as imagens e complete as frases com uma das palavras homônimas entre parênteses.

a) 

Carlos Santos RODAPE BR/ Shutterstock.com

A ______________ do bolo é de chocolate.
(cauda/calda)

b) 

lapandr/Shutterstock.com

Neste teatro cabem ______________ pessoas sentadas.
(sem/cem)

c) 

Thomas Fike/Shutterstock.com

O ______________ da mesa estava cheio de frutas.
(cesto/sexto)

d) 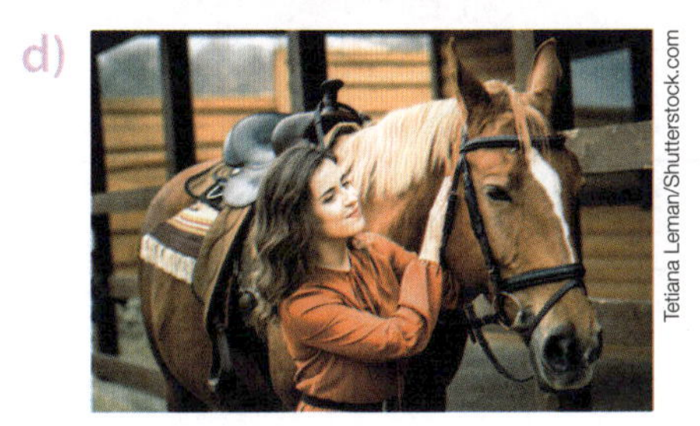

Tetiana Leman/Shutterstock.com

Ana comprou uma ______________ nova para seu cavalo.
(cela/sela).

ORTOGRAFIA

Palavras com o ou u

1. Leia o verbete de dicionário a seguir.

> **mágoa: má·go·a** **sf** **1** ARC Mancha ou nódoa provocada por contusão. **2** FIG Tristeza recolhida, mas que se deixa revelar na fisionomia, amargura, desgosto, pesar. **3** FIG Ressentimento causado por indelicadeza, ofensa ou desconsideração. **4** FIG Sentimento de pena ou compaixão, dó, pesar. ETIMOLOGIA *lat maculam.*

MÁGOA. *In*: MICHAELIS: dicionário brasileiro da língua portuguesa. São Paulo: Melhoramentos, c2022. Disponível em: https://michaelis.uol.com.br/moderno-portugues/busca/portugues-brasileiro/m%C3%A1goa/. Acesso em: 3 jun. 2022.

a) Observe como o verbete de dicionário foi organizado e responda: Quais foram as informações apresentadas e em qual ordem?

____

____

____

____

____

b) Complete as palavras abaixo e assinale a fileira em que todas elas possuam a letra **o**, como a palavra **mágoa**.

☐ jab____ti, tab____ada, c____elho.

☐ t____alha, b____eiro, mandíb____la.

☐ m____squito, c____stume, b____checha.

2. Complete as palavras com as letras **o** ou **u**.

a) p____lenta
b) am____leto
c) m____chila
d) c____tia
e) c____rtiço
f) c____rtume
g) g____ela
h) ent____pir
i) t____ssir
j) ov____
k) táb____a
l) rat____eira
m) tab____leiro
n) caç____ar
o) p____leiro
p) enc____brir

CAPÍTULO 9

GRAMÁTICA

Classificação dos substantivos

Leia o texto e observe as palavras destacadas.

Cícero pega **ônibus**, **trem** e um trecho a pé.
Chega na **empresa** e se pendura no **caminhão**.
Começa o **trajeto** rotineiro.
A **rotina** vai fazendo um trajeto dentro de Cícero.
E o caminhão vai parando em **lixeiras**, **postes** e **casas**.
Cícero vai jogando **sacos** no caminhão.
Jogando **caixas de papelão**.
[...]

Claudia Marianno

Jonas Ribeiro. *O aniversário de Cícero*. São Paulo: Editora do Brasil, 2007. p. 9.

As palavras em destaque no texto são nomes dados aos seres (pessoas, objetos etc.). Elas são **substantivos**.

> **Substantivos** são palavras que nomeiam pessoas, animais, objetos, lugares, sentimentos, seres reais, animados e inanimados, e seres criados pela nossa imaginação.

Os substantivos classificam-se em comuns, próprios, concretos, abstratos e coletivos.

Substantivo comum

É um nome que designa um ser ou objeto de forma genérica.

Exemplos: casa, estudante, fada, país, rio.

Substantivo próprio

É um nome que especifica ou designa um ser em particular, diferenciando-o de outros. Os substantivos próprios sempre são iniciados com letra maiúscula.

Exemplos: Alice, a gata Nina, Brasil, Rio Amazonas.

Substantivo concreto

É um nome que designa seres com existência real ou imaginária.

Exemplos: árvore, bola, dragão, sereia.

Substantivo abstrato

É aquele que designa qualidades, sentimentos, ações e estados dos seres.

Os substantivos abstratos não têm existência própria; sua existência depende de outros seres.

Exemplos: beleza, honestidade, gentileza (qualidades); amor, dor, alegria, tristeza (sentimentos); corrida, decisão, partida, encontro (ações); infância, cansaço, vida (estados).

Substantivo coletivo

É um substantivo que indica um conjunto de seres da mesma espécie.

Exemplo: **boiada** é um substantivo comum e concreto que indica um conjunto de seres da mesma espécie (**bois**), portanto é também um coletivo.

Veja alguns substantivos coletivos no quadro abaixo.

álbum → de retratos
alcateia → de lobos
arquipélago → de ilhas
atlas → de mapas
banda, orquestra → de músicos
bando → de pássaros
biblioteca → de livros
buquê, ramalhete → de flores
cacho → de bananas ou uvas
câmara → de deputados

caravana → de viajantes
cardume → de peixes
constelação → de estrelas
coro → de vozes
dicionário → de palavras
elenco → de artistas
enxame → de abelhas
esquadra → de navios
esquadrilha → de aviões
exército → de soldados

fauna → de animais
flora → de plantas
manada → de bois ou elefantes
matilha → de cães
molho → de chaves
pinacoteca → de quadros
rebanho → de gado
resma → de papel
time → de jogadores
vara → de porcos

Também são coletivos:

dezena → dez unidades
dúzia → doze unidades
centena → cem unidades
ano → doze meses
bimestre → dois meses
trimestre → três meses
semestre → seis meses
década → dez anos
século → cem anos
milênio → mil anos

Claire Lucia/Shutterstock.com

ATIVIDADES

1. Em cada grupo de palavras, sublinhe os substantivos comuns e circule os substantivos próprios.

a) árvore bonito Sol caminhar parque Minas Gerais montanha

b) Lilica gato feliz cachorro passear Chico amizade

c) encontrar Argentina viajou Portugal avião mala longe

d) ler duende Branca de Neve maçã mentir Dunga madrasta

e) estrela Lua luminária claro escuro Marte astronauta

2. Escreva três substantivos próprios para cada um dos itens.

a) Pessoas

____

____

b) Cidades

____

____

c) Países

____

____

d) Personagens fictícios

____

____

3. Assinale as frases em que o substantivo destacado é concreto.

a) [ ] A **professora** elogiou o meu trabalho.

b) [ ] Ele sentia muita **saudade** dela.

c) [ ] Aqueles **pássaros** são belos.

d) [ ] Minha **esperança** é que ele saiba o caminho.

Syda Productions/Shutterstock.com

4. Identifique nas frases o substantivo abstrato e circule-o.

a) O time comemorou sua vitória.

b) O mais importante é que ela disse a verdade.

c) Sabrina tem muita simpatia pelos colegas de sala.

d) Nossa viagem foi maravilhosa!

Rawpixel.com/Shutterstock.com

5. Complete o diagrama com os substantivos coletivos de:

1. gafanhotos
2. vozes
3. soldados
4. artistas
5. palavras
6. estrelas

1											
2											
3											
4											
5											
6											

6. Classifique as palavras conforme o modelo.

bola: dissílaba, paroxítona, substantivo comum e concreto

a) espanto

____

b) Sol

____

c) arquipélago

____

d) cumplicidade

____

e) leão

____

7. Leia a crônica a seguir.

> **Crônica** é uma narrativa de linguagem simples que retrata situações da vida cotidiana, trazendo uma reflexão ao leitor.

O retrato

Outro dia encontrei, na portaria do meu prédio, uma meninazinha de blusa branca, saia azul, laço no cabelo e sorriso nos lábios. Conversamos enquanto esperava o ônibus do colégio. Perguntei-lhe se estava com saudade das férias. Confessou que sim, mas disse que o colégio também era ótimo, que adorava o colégio. Abrindo a pasta reluzente, mostrou-me os livros novos, cuidadosamente encapados, os cadernos limpinhos, a caixa de lápis. Falou entusiasmada sobre a professora, que era um amor, e as colegas, camaradíssimas, todas suas amigas. Contou-me sua resolução de estudar muito, de fazer os deveres direitinho, de portar-se muito bem e tirar notas boas. Estava cheia de interesse, contente, de fato, de ir para o colégio, e foi dos mais alegres o adeusinho que me deu quando entrou no ônibus. Sorri com ela, e, quando voltei para casa, fui direto olhar o retrato de uma meninazinha de seus sete, oito anos de idade, vestida com uma saia azul e blusa branca de um uniforme escolar. E tive uma saudade imensa, infinita, daquela menina que tão atenta olhava o livro, tão confiante esperava a vida, aquela meninazinha que fui eu.

Claudia Marianno

Maluh de Ouro Preto. O retrato. *In*: *Antologia escolar de crônicas*. Rio de Janeiro: Ediouro, 2005. p. 147-148. (Edições de Ouro).

a) Na história, qual é a situação cotidiana vivida pelas personagens?

____

____

b) A narração do conto é em primeira ou terceira pessoa? Justifique sua resposta com algum trecho do texto.

____

____

c) As reações da menina enquanto conversava com a mulher mostram que ela estava:

- [ ] ansiosa e impaciente com a espera do ônibus que a levaria à escola.
- [ ] sorridente e entusiasmada com a escola e a volta às aulas.
- [ ] triste porque as férias tinham chegado ao fim.

d) Qual marcação temporal há na crônica? Podemos saber com certeza quando ocorreu o fato narrado?

e) Releia o excerto a seguir.

> **Outro dia encontrei, na portaria do meu prédio, uma meninazinha de blusa branca, saia azul, laço no cabelo e sorriso nos lábios. Conversamos enquanto esperava o ônibus do colégio. Perguntei-lhe se estava com saudade das férias.**

- Copie do trecho cinco substantivos concretos e um abstrato.

f) O título da crônica é "O retrato". Classifique o substantivo que há nele.

- Agora, copie abaixo o trecho da crônica que descreve o retrato encontrado pela narradora no final do texto, fazendo a ligação de sentido com o título.

8. Escreva uma frase que contenha no mínimo uma palavra de cada classe de substantivo indicada.

a) substantivo comum e concreto

b) substantivo comum e abstrato

c) substantivo próprio e concreto

ORTOGRAFIA

Palavras com l ou u

1. Leia, a seguir, um trecho de poema sobre o açaí, um fruto típico da Região Norte do Brasil.

Açaí

Açaí nasce verdinho,
Mas depois bem roxo fica
O redondo açaí
Deixa a vida bem mais rica!

A palmeira é alta e fina,
O seu brilho encanta a gente;
Pode subir com peconha,
Não **enverga**, é resistente.
[...]

Se a árvore dá o fruto,
Também dá lindo palmito
E se sustentável for
Todo ciclo é mais bonito.

Claudia Marianno

César Obeid. *Cores da Amazônia*: frutas e bichos da floresta. São Paulo: Editora do Brasil, 2015. p. 14.

a) Circule as palavras que rimam no poema e sublinhe a sílaba tônica de cada uma delas.

b) Assinale a palavra que pode substituir a que está em destaque na segunda estrofe do poema sem modificar o sentido dos versos.

☐ quebra ☐ entorta ☐ rompe

O fonema /**u**/ em final de sílaba pode ser representado pelas letras **l** ou **u**. Exemplos: faro**l**, degra**u**.

c) Observe as palavras a seguir, presentes no poema.

Pa**l**meira a**l**ta pa**l**mito sustentáve**l**

- Nessas palavras, a letra **l** está no final da sílaba. Qual som essa letra representa?

☐ O som de **r**. ☐ O som de **u**. ☐ O som de **l**.

2. Complete as palavras com **l** ou **u**. Depois, escreva as palavras completas.

a) a____mofada __________

b) degra____ __________

c) funi____ __________

d) a____face __________

e) a____mento __________

f) vegeta____ __________

g) sa____dade __________

h) fa____na __________

CAPÍTULO 10

GRAMÁTICA

Formação do substantivo

No capítulo anterior, vimos que os substantivos são classificados em comuns, próprios, concretos, abstratos e coletivos.

Quanto à formação, o substantivo pode ser:

- **simples** ou **composto**;
- **primitivo** ou **derivado**.

Substantivo simples

poppap/Shutterstock.com

Substantivo simples é aquele formado por uma só palavra.

Exemplos: água, caneta, rua, pé.

Substantivo composto

Arzu Kerimli/Shutterstock.com

Substantivo composto é aquele formado por duas ou mais palavras, ligadas ou não por hífen.

Exemplos: água-viva, guarda-chuva, girassol, pontapé.

Substantivo primitivo

brachostudio/Shutterstock.com

Substantivo primitivo é aquele que serve de base para a formação de outros substantivos.

Exemplos: dente, flor, papel, sapato.

Substantivo derivado

Substantivo derivado é aquele que se origina de outra palavra, ou seja, é formado com base em um substantivo primitivo.

Exemplos: dentadura, dentista (de dente); floricultura, florista (de flor); papelão, papelaria (de papel); sapataria, sapateiro (de sapato).

photravelerYUUKI/Shutterstock.com

ATIVIDADES

1. Sublinhe os substantivos simples e circule os compostos.

a) flor
b) tico-tico
c) casa
d) cachorro-quente
e) livro
f) pedra
g) pé-de-moleque
h) papel
i) segunda-feira
j) planeta
k) mosquito
l) gato
m) arco-íris
n) quadro
o) palhaço
p) cavalo-marinho

2. Escreva o nome dos substantivos compostos representados pelas imagens a seguir.

a)

burnel1/Shutterstock.com

____

b)

Mike Truchon/Shutterstock.com

____

c)

Vadarshop/Shutterstock.com

____

3. Forme substantivos compostos juntando as palavras, sem usar o hífen.

a) para + quedas ____________________
b) gira + sol ____________________
c) passa + tempo ____________________
d) auto + móvel ____________________
e) roda + pé ____________________
f) corre + mão ____________________

Netdrimeny/Shutterstock.com

4. Leia o trecho a seguir, do conto "Rapunzel".

Era uma vez um casal que há muito tempo **desejava** inutilmente ter um filho. Os anos se passavam, e seu sonho não se realizava. Afinal, um belo dia, a mulher percebeu que Deus ouvira suas preces. Ela ia ter uma criança!

Por uma janelinha que havia na parte dos fundos da casa deles, era possível ver, no quintal vizinho, um magnífico jardim cheio das mais lindas flores e das mais viçosas hortaliças. Mas em torno de tudo se erguia um muro altíssimo, que ninguém se atrevia a escalar. Afinal, era a propriedade de uma feiticeira muito **temida** e **poderosa**.

Bruna Ishihara

BRASIL. Ministério da Educação. *Alfabetização*: livro do aluno – Contos tradicionais, fábulas, lendas e mitos. Brasília, DF: MEC, 2000. v. 2, p. 36. Disponível em: www.dominiopublico.gov.br/download/texto/me001614.pdf. Acesso em: 3 jun. 2022.

Para formar uma palavra derivada, acrescenta-se um grupo de letras à palavra primitiva. Esse grupo de letras recebe o nome de **afixo**. Quando é adicionado no início da palavra, denomina-se **prefixo**, e, quando é acrescentado no final da palavra, chama-se **sufixo**.

a) Escreva o significado das palavras destacadas no trecho do conto. Se necessário, consulte um dicionário.

- Desejava: ______________________
- Temida: ______________________
- Poderosa: ______________________

b) Essas palavras são derivadas de quais termos? Assinale a resposta correta.

- [ ] Desejar, valente, poderio.
- [ ] Indesejável, temer, potência.
- [ ] Desejo, temor, poder.

c) Escreva as partes que compõem a palavra **poderosa**.

____

5. Escreva os substantivos primitivos das palavras a seguir. Depois, escreva as partes de cada uma delas (palavra primitiva, prefixos e sufixos). Para isso, consulte o dicionário.

a) florista ______

b) desamor ______

c) leiteiro ______

6. Escreva os substantivos primitivos das palavras a seguir.

a) sapateiro ______

b) terrestre ______

c) vidraça ______

d) fruteira ______

Claudia Marianno

7. Escreva o nome do que cada imagem representa. Depois, ligue as palavras ao seu substantivo primitivo.

a) Chameleons Eye/Shutterstock.com ______

b) Craig Loyer/Shutterstock.com ______

c) Satyrenko/Shutterstock.com ______

d) Fraija/Shutterstock.com ______

dente

galinha

jardim

livro

Palavras com r ou rr

> No início das palavras ou no meio das palavras depois de consoantes, usa-se **r**.
>
> Entre vogais, usa-se **rr**.

1. Leia a quadrinha e responda à questão.

Nem tudo que **ronca** é porco
Nem tudo que **berra** é bode
Nem tudo que brilha é **ouro**
Nem tudo falar se pode

Tradição popular.

Marcos Guilherme

- Das palavras em destaque, copie as duas em que o som representado pela letra **r** é o mesmo.

____

2. Complete as palavras com **r** ou **rr**. Depois, circule a que não se encaixa no grupo em que está. **Dica**: fale as palavras em voz alta para identificar aquela em que o **r** que não representa o mesmo som que nas outras do grupo.

a______anha	______esfriado	______ecolher
ca______oceria	a______ame	en______ascada
en______oscado	______osto	intei______o
i______itação	en______iquecer	chu______asco

3. Ordene as sílabas das palavras e escreva-as.

a) 

____

b) 

____

c) 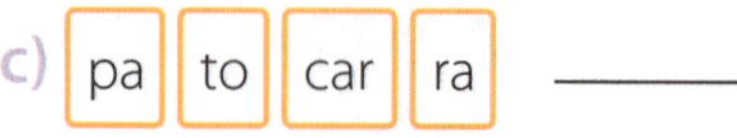

____

d) 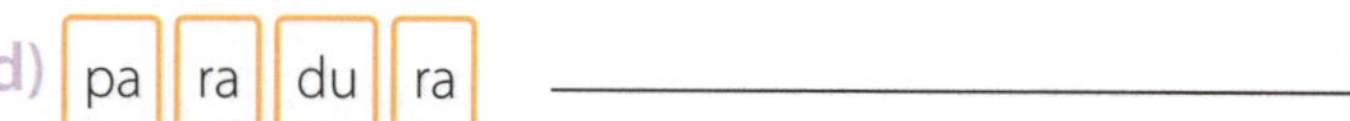

____

e) 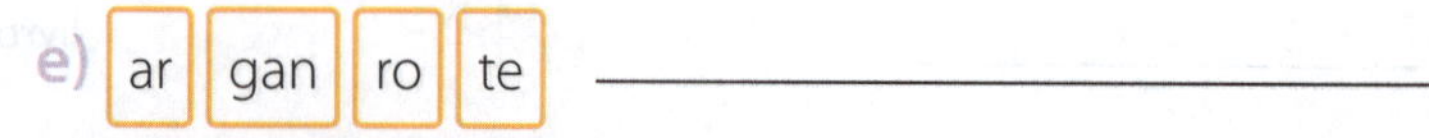

____

f) 

____

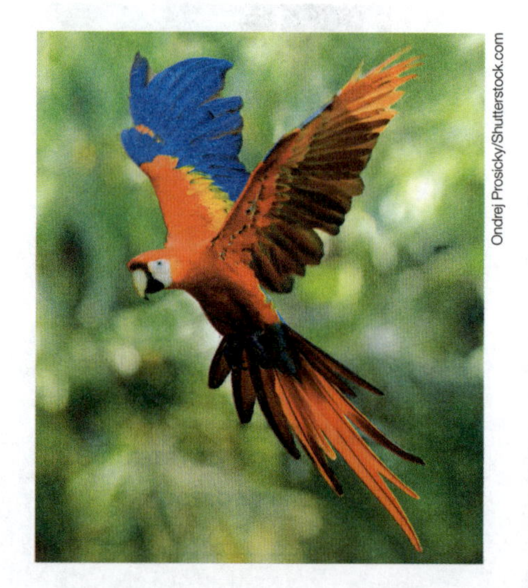
Ondrej Prosicky/Shutterstock.com

4. Observe os **Textos 1** e **2** a seguir.

Texto 1 – Expectativa de vida ao nascer – Brasil – 1940/2018

Taxa de mortalidade infantil (por mil), taxa de mortalidade no grupo de 1 a 4 anos de idade (por mil) e taxa de mortalidade na infância (por mil) – Brasil – 1940/2018					
Ano	Taxa de mortalidade infantil (por mil)	Taxa de mortalidade no grupo de 1 a 4 anos de idade (por mil)	Taxa de mortalidade na infância (por mil)	Das crianças que vieram a falecer antes dos 5 anos a chance de falecer (%)	
				Antes de 1 ano	Entre 1 e 4 anos
1940	146,6	76,7	212,1	69,1	30,9
1950	136,2	65,4	192,7	70,7	29,3
1960	117,7	47,6	159,6	73,7	26,3
1970	97,6	31,7	126,2	77,3	22,7
1980	69,1	16	84	82,3	17,7
1991	45,1	13,1	57,6	78,3	21,7
2000	29	6,7	35,5	81,7	18,3
2010	17,2	2,64	19,8	86,9	13,1
2018	12,4	2,12	14,4	85,5	14,5
Δ% (1940/2018)	-91,6	-97,2	-93,2		
Δ (1940/2018)	-134,3	-74,6	-197,6		

EM 2018, expectativa de vida era de 76,3 anos. *Agência IBGE Notícias*, Rio de Janeiro, 28 nov. 2019. https://agenciadenoticias.ibge.gov.br/agencia-sala-de-imprensa/2013-agencia-de-noticias/releases/26104-em-2018-expectativa-de-vida-era-de-76-3-anos. Acesso em: 3 jun. 2022.

Texto 2 – Expectativa de vida do brasileiro ao nascer (1940-2018)

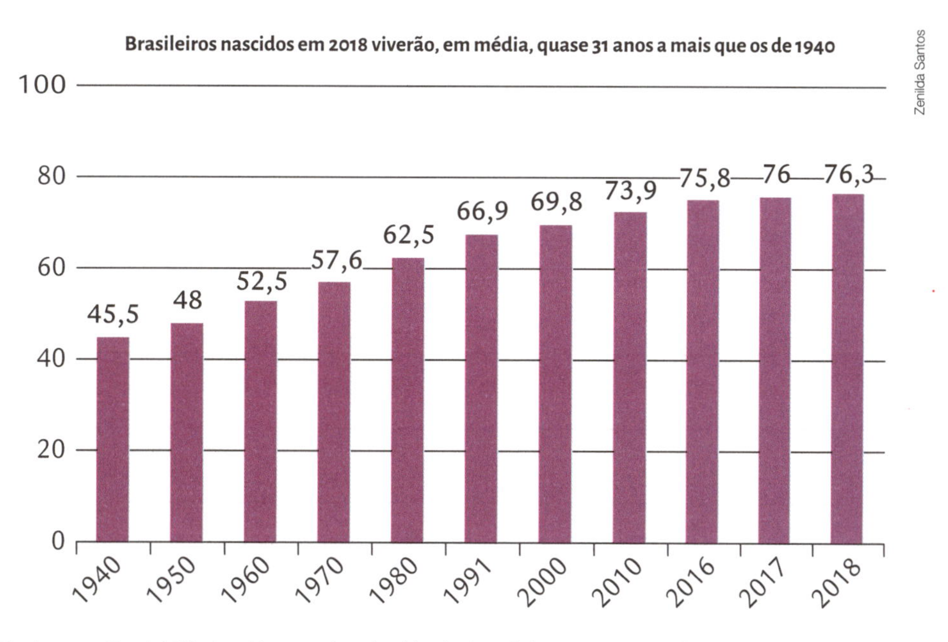

Felipe Gutierrez e Daniel Silveira. Expectativa de vida do brasileiro ao nascer é de 76,3 anos em 2018, diz IBGE. *G1*, [*s. l.*], 28 nov. 2019. Disponível em: https://g1.globo.com/bemestar/noticia/2019/11/28/expectativa-de-vida-do-brasileiro-ao-nascer-foi-de-763-anos-em-2018-diz-ibge.ghtml. Acesso em: 3 jun. 2022.

a) Na tabela do **Texto 1**, em quais anos foram registradas a menor e a maior expectativa de vida para os brasileiros? Atente-se para a coluna que apresenta o valor total de homens e mulheres.

____

____

b) Observe no gráfico do **Texto 2** os anos com a menor e a maior expectativa de vida para brasileiros. Esses valores são iguais ou diferentes da tabela do **Texto 1**?

____

c) Segundo a tabela do **Texto 1**, qual é a variação entre a expectativa de vida registrada em 1940 e 2018? Observe a coluna que apresenta o **total** de homens e mulheres, indicado por "Δ 1940/2018".

____

d) As palavras **diferencial** e **viverão**, presentes nos **Textos 1** e **2**, respectivamente, possuem a letra **r**. Complete as palavras a seguir com **r** ou **rr**. Depois, assinale as palavras que possuem o mesmo som representado pelo **r** das palavras extraídas dos textos.

☐ to_____ada	☐ a_____epio	☐ _____espeito
☐ ma_____om	☐ _____uído	☐ a_____oz
☐ bu_____aco	☐ ba_____ão	☐ escla_____ecer
☐ se_____a	☐ _____emédio	☐ co_____uja
☐ na_____ador	☐ co_____edor	☐ a_____umar
☐ se_____inga	☐ fa_____ofa	☐ _____ápido
☐ _____ua	☐ armá_____io	☐ a_____eia

5. Escolha três palavras da atividade anterior e forme uma frase com cada uma delas.

____

____

____

____

____

____

____

CAPÍTULO 11

GRAMÁTICA

Gênero dos substantivos

Leia a tirinha a seguir.

Tirinha com os Bichinhos de Jardim, de Clara Gomes.

As palavras **noite**, **mundo**, **medo** e **segunda-feira** são exemplos de substantivos.

Os **substantivos** podem ser de gênero masculino ou feminino.

Mundo e **medo** são substantivos **masculinos**.

Noite e **segunda-feira** são substantivos **femininos**.

Antes dos substantivos **masculinos**, podemos usar os artigos **o**, **os**, **um**, **uns**.

Antes dos substantivos **femininos**, podemos usar os artigos **a**, **as**, **uma**, **umas**.

De modo geral, forma-se o **feminino** dos substantivos:

- flexionando-se o substantivo masculino;

  Exemplos:

  gato → gata   pato → pata

- acrescentando-se **a** ao substantivo masculino.

  Exemplos:

  escritor → escritora   juiz → juíza

Há substantivos que têm formas diferentes para o **masculino** e para o **feminino**.

Veja alguns exemplos no quadro abaixo.

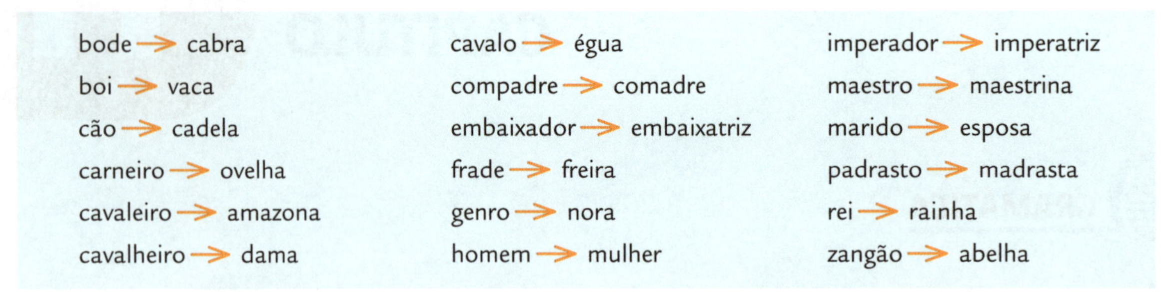

bode → cabra	cavalo → égua	imperador → imperatriz
boi → vaca	compadre → comadre	maestro → maestrina
cão → cadela	embaixador → embaixatriz	marido → esposa
carneiro → ovelha	frade → freira	padrasto → madrasta
cavaleiro → amazona	genro → nora	rei → rainha
cavalheiro → dama	homem → mulher	zangão → abelha

Há, ainda, substantivos que apresentam uma única forma tanto para o masculino como para o feminino.

Eles podem ser **substantivos comuns de dois gêneros**, **sobrecomuns** ou **epicenos**.

a) **Substantivos comuns de dois gêneros** são aqueles que apresentam uma forma para os dois gêneros e a distinção entre o masculino e o feminino é feita por meio de artigo ou outra palavra que acompanhe o substantivo.

Exemplos:

o agente – **a** agente   **um** gerente – **uma** gerente

o artista – **a** artista   **um** pianista – **uma** pianista

b) **Substantivos sobrecomuns** são aqueles que têm sempre uma só forma e o mesmo artigo para designar tanto o masculino como o feminino.

Exemplos:

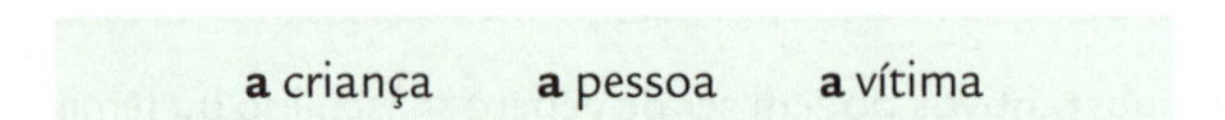

a criança   **a** pessoa   **a** vítima

Os substantivos **criança**, **pessoa** e **vítima** são de gênero feminino, quer indiquem uma pessoa do sexo masculino, quer do sexo feminino.

c) **Substantivos epicenos** são aqueles que apresentam uma só forma para designar animais.

Para indicar o sexo do animal, usa-se a palavra **macho** ou **fêmea.**

Exemplos:

mosquito **macho** – mosquito **fêmea**

O substantivo **mosquito** é de gênero masculino, mas podemos fazer a distinção do sexo com os adjetivos **macho** e **fêmea**.

baleia **macho** – baleia **fêmea**

O substantivo **baleia** é de gênero feminino, mas podemos fazer a distinção do sexo com os adjetivos **macho** e **fêmea**.

ATIVIDADES

1. Leia a lenda indígena a seguir. Preencha as lacunas colocando antes das palavras indicadas um dos artigos do quadro abaixo.

o	os	um	uns	a	as	uma	umas

A perna do tamanduá

No começo do mundo, como todos _____ animais, _____ tamanduá corria regularmente. Ele tinha pernas compridas.

No dia em que _____ onça fugiu de medo do sapo, foi _____ tamanduá quem primeiro a viu com _______ olho fora da órbita. Oferecendo-se para colocar _____ olho no lugar, fez _______ traição arrancando com suas unhas compridas o outro olho da onça.

_____ onça teria continuado cega, se não fosse _____ inhambu-azulão, que se ofereceu para procurar os dois olhos perdidos e colocá-los no lugar.

_____ inhambu, depois de encontrar _____ olhos da onça, usando resina de _______ árvore colocou-os novamente nas órbitas.

Depois de terminado _____ serviço, _____ onça procurou vingar-se do tamanduá. Este correu muito, mas, como _____ onça era mais rápida, vendo-se perdido, escondeu-se na cova do caititu.

_____ cova era rasa e não deu para _____ tamanduá esconder _____ pés, embora tivesse feito muito esforço para recolhê-los.

_____ onça chegou, mas não conseguiu tirar _____ tamanduá da cova, uma vez que este tinha muita força nos braços e estava agarrado à cova. Porém, por vingança, _____ onça comeu-lhe _____ pés, que haviam ficado de fora.

_____ tamanduá escapou com vida, mas ficou de pernas curtas e hoje não pode mais correr como os outros animais da floresta.

Bruna Ishihara

Antoracy Tortolero Araujo. *Lendas indígenas*. São Paulo: Editora do Brasil, 2014. p. 48.

a) Quais são os personagens da lenda?

____

b) Releia o trecho a seguir.

> No dia em que a onça fugiu de medo do sapo, foi o tamanduá quem primeiro a viu com um olho fora da órbita. Oferecendo-se para colocar o olho no lugar, fez uma traição arrancando com suas unhas compridas o outro olho da onça.

- Com base nesse trecho, cite uma característica da personalidade do tamanduá. Justifique sua resposta.

____

____

c) Agora, releia este outro trecho.

> A onça teria continuado cega, se não fosse o inhambu-azulão, que se ofereceu para procurar os dois olhos perdidos e colocá-los no lugar.

- Que traço da personalidade do inhambu-azulão fica evidente nesse trecho? Explique sua resposta.

____

____

d) Observe as seguintes palavras do texto e classifique-as em substantivos masculinos ou femininos.

- tamanduá ____________
- onça ____________
- sapo ____________
- olho ____________
- árvore ____________
- floresta ____________
- mundo ____________
- unhas ____________
- lugar ____________
- resina ____________
- cova ____________
- vida ____________

2. Associe as colunas adequadamente.

A	a heroína	☐	o padrasto
B	a madrasta	☐	o herói
C	a rainha	☐	o sapo
D	a cabra	☐	o rei
E	a rã	☐	o bode

Tartila/Shutterstock.com

3. Passe as palavras do quadro abaixo para o feminino.

estudante cantor pai irmão urso ator poeta diretor réu conde

____

____

____

4. Complete o diagrama com o masculino dos substantivos.

1. juíza
2. amazona
3. ovelha
4. nora
5. galinha
6. leoa
7. imperatriz
8. gata
9. freira

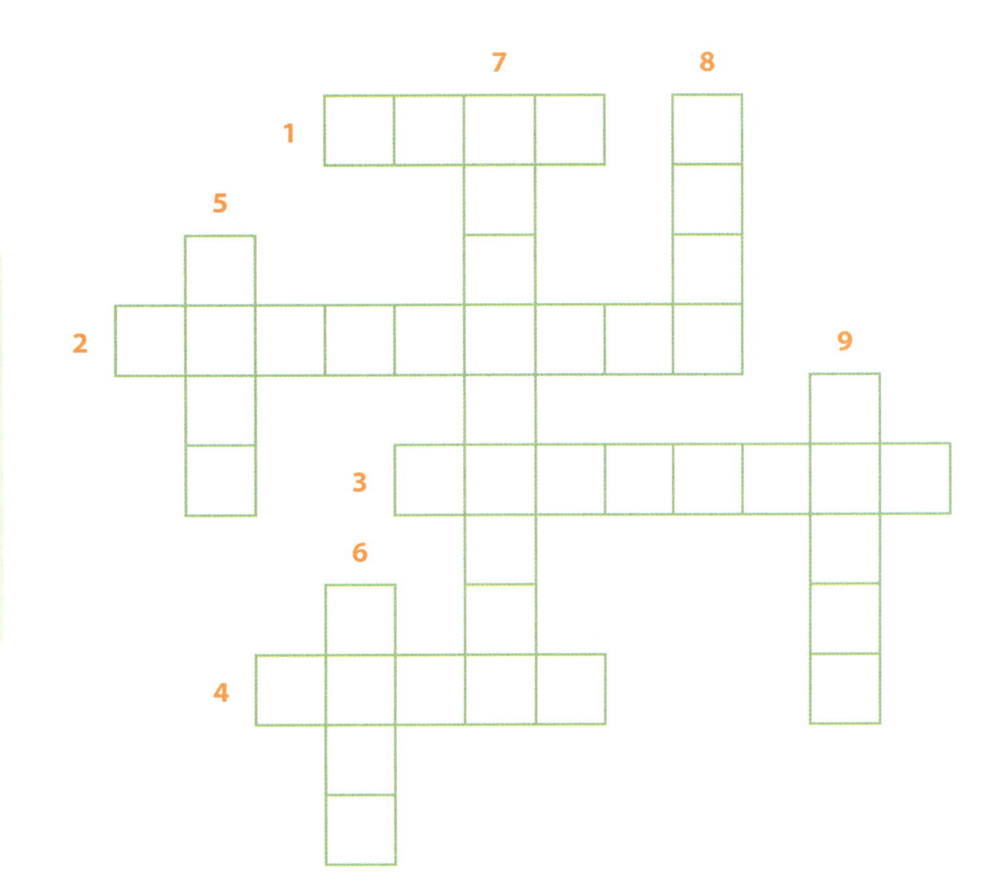

5. Preencha a tabela com os substantivos do quadro, conforme a classificação correta.

criança borboleta chefe criatura pessoa indígena sardinha anjo
animal cobra doente foca colega pinguim artista

Epicenos	Comuns de dois gêneros	Sobrecomuns

Palavras com s ou ss

Emprega-se **s**: no início da palavra → sábio, sopa e no meio da palavra, depois de consoante → diversão, pulso.

Emprega-se **ss**: no meio da palavra, entre vogais → acesso, osso.

1. Leia o texto a seguir e complete as palavras indicadas com **s** ou **ss**. Se tiver dúvidas quanto à grafia dessas palavras, consulte o dicionário.

O primeiro ____emestre de 2017 nem acabou e os especialistas do mundo todo já encontraram novidades suficientes para deixar os apaixonados por ciência animados. O *site* Science Alert fez uma ____eleção das melhores descobertas:

1. Pulmões também servem para produzir sangue. Cientistas da Univer____idade da Califórnia descobriram que e____es órgãos produzem a maior parte das plaquetas do sangue, cerca de 10 milhões por hora.

2. Em artigo publicado no periódico *IOPscience*, cientistas constataram que é impo____ível criar uma máquina do tempo – a esperança é encontrar materiais que po____am dobrar o espaço-tempo.

[...]

10. O cachorro mais antigo do mundo não está extinto: o cão-cantor-da-nova-guiné parece estar se **multiplicando**. Recentemente, especialistas con____eguiram fotografar mais de 15 indivíduos da espécie em um local remoto da Nova Guiné.

[...]

12. Após 130 anos talvez tenhamos que repensar tudo o que____abemos sobre a árvore genealógica dos dino____auros. Isso graças à descoberta de alguns cientistas [...]. Segundo eles, o fó____il do tamanho de um gato encontrado na Escócia os fez reconsiderar a origem das espécies dos animais pré-históricos.

18 FATOS científicos descobertos neste ano que você precisa conhecer. *Revista Galileu*, [*s. l.*], 29 maio 2017. Disponível em: https://revistagalileu.globo.com/Ciencia/noticia/2017/05/18-fatos-cientificos-descobertos-neste-ano-que-voce-precisa-conhecer.html. Acesso em: 22 maio 2022.

a) Releia o 5º parágrafo do texto e observe o uso da palavra **multiplicando**, em destaque. Que outra palavra pode substituí-la sem alterar o seu sentido?

- [ ] separando
- [ ] proliferando
- [ ] encontrando

b) Busque no diagrama as palavras que você completou no texto com **s** e **ss**. Depois, copie essas palavras na tabela.

S	M	E	S	S	E	S	S	N	I	M	P	O	S	S	Í	V	E	L	Q	S
E	H	S	M	R	S	E	J	C	Z	W	R	R	B	Q	S	D	C	W	I	A
M	S	T	I	F	A	L	S	X	P	O	S	S	A	M	Y	V	J	R	L	B
E	X	Ç	H	Ó	M	E	B	C	O	N	S	E	G	U	I	R	A	M	J	E
S	B	S	W	S	S	Ç	M	B	A	Z	X	R	N	Y	Ã	R	S	B	Z	M
T	H	I	R	S	A	Ã	F	H	K	I	W	J	F	Q	I	Ç	É	W	B	O
R	M	O	D	I	N	O	S	S	A	U	R	O	S	C	P	D	O	P	R	S
E	K	L	N	L	G	R	U	N	I	V	E	R	S	I	D	A	D	E	Y	K

Palavras com S	Palavras com SS

2. Complete as palavras a seguir com **s** ou **ss**. Depois, escreva a palavra completa.

a) ma_____a _______________

b) _____alada _______________

c) profe_____ora _______________

d) in_____eto _______________

e) a_____istir _______________

f) a_____umir _______________

g) man_____o _______________

h) pa_____eio _______________

i) nece_____idade _______________

j) _____uor _______________

3. Pinte os quadrados de acordo com a legenda.

s em início de palavra.

s no meio da palavra, depois de consoante.

ss no meio da palavra, entre vogais.

☐ passeata ☐ sino ☐ sorvete

☐ ganso ☐ assinatura ☐ consulta

☐ seleção ☐ intenso ☐ promessa

Anna Demianenko/Shutterstock.com

CAPÍTULO 12

Número dos substantivos

Os substantivos podem estar no **singular** ou no **plural**. Observe:

gato
singular

gatos
plural

Estão no **singular** os substantivos que indicam um só ser ou um conjunto de seres.

Exemplos: aula, cardume, jabuticaba.

Estão no **plural** os substantivos que indicam mais de um ser ou mais de um conjunto de seres.

Exemplos: aulas, cardumes, jabuticabas.

Para formar o plural dos substantivos, geralmente acrescenta-se um **s** a seu singular.

Exemplos:

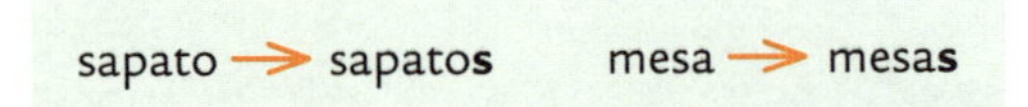

Outros substantivos, porém, apresentam o plural de modo diferente.

a) Substantivos terminados em **-r** ou **-z**: acrescenta-se **-es** à forma do singular.

Exemplos:

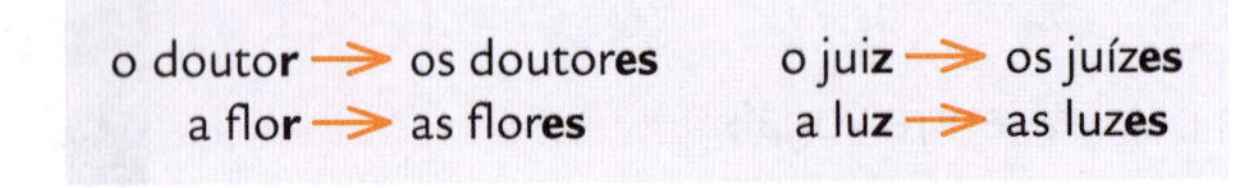

b) Substantivos paroxítonos terminados em **-s**: ficam invariáveis.

Exemplos:

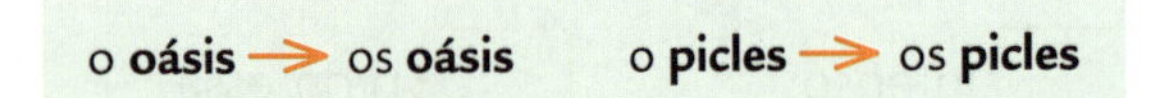

c) Substantivos oxítonos terminados em **-s**: acrescenta-se **-es**.

Exemplos:

o chinês → os chin**eses**
o gás → os g**ases**

d) Substantivos terminados em **-n**: faz-se o plural acrescentando-se **-s** ou **-es**.

Exemplos:

o hífen → os hifen**s** ou os hífen**es**
o pólen → os polen**s** ou os pólen**es**

e) Substantivos terminados em **-m**: troca-se o **-m** final por **-ns**.

Exemplos:

o bat**om** → os bato**ns**   a vag**em** → as vage**ns**

f) Substantivos terminados em **-al**, **-el**, **-ol** e **-ul**: troca-se o **-l** final por **-is**.

Exemplos:

o arroza**l** → os arroza**is**   o lenço**l** → os lenç**óis**
o paine**l** → os pain**éis**   o azu**l** → os azu**is**

g) Substantivos oxítonos terminados em **-il**: troca-se o **-l** final por **-s**.

Exemplos:

o barri**l** → os barri**s**   o cani**l** → os cani**s**

h) Substantivos paroxítonos terminados em **-il**: troca-se o **-l** final por **-eis**.

Exemplos:

o fóss**il** → os fóss**eis**   o míss**il** → os míss**eis**

i) Substantivos terminados em **-ão**: pode-se fazer o plural em **-ães**, **-ões** ou **-ãos**.

Exemplos:

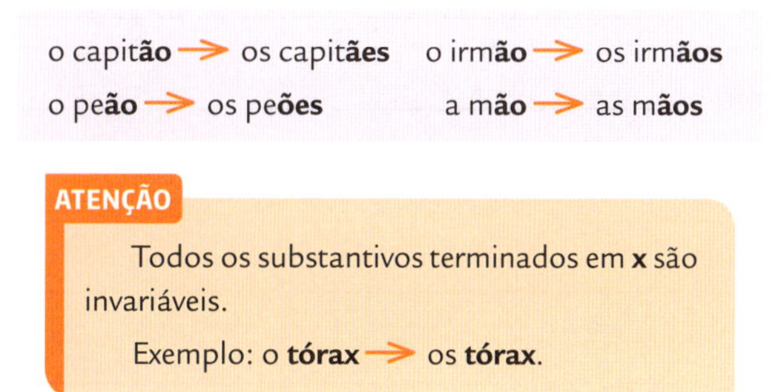
o capit**ão** → os capit**ães**   o irm**ão** → os irm**ãos**
o pe**ão** → os pe**ões**   a m**ão** → as m**ãos**

ATENÇÃO

Todos os substantivos terminados em **x** são invariáveis.

Exemplo: o **tórax** → os **tórax**.

ATIVIDADES

1. Escreva o plural dos seres e objetos representados pelas imagens a seguir.

a)

Felipe-Rocha/Shutterstock.com

____

b)

Eric Isselee/Shutterstock.com

____

c)

Natthapol Siridech/Shutterstock.com

____

d)

urfin/Shutterstock.com

____

2. Coloque **o/um** ou **a/uma** antes dos substantivos e escreva o plural correspondente. Siga o modelo.

o/um homem → os/uns homens

a) ____________ farol ______________________________

b) ____________ ordem ______________________________

c) ____________ papel ______________________________

d) ____________ lápis ______________________________

e) ____________ jovem ______________________________

f) ____________ boletim ______________________________

g) ____________ animal ______________________________

h) ____________ viagem ______________________________

i) ____________ trem ______________________________

j) ____________ pires ______________________________

k) ____________ jardim ______________________________

3. Procure no diagrama seis substantivos terminados em **-il** e copie-os ao lado passando-os para o plural.

D	Ó	S	F	Ó	S	S	I	L	S	J	N
B	S	Q	D	F	E	R	G	T	Y	O	Q
A	D	U	P	O	Y	C	A	N	T	I	L
R	Q	A	G	I	B	T	G	F	E	H	S
R	V	D	I	M	Í	S	S	I	L	S	B
I	E	R	O	D	A	C	D	Ç	E	I	G
L	F	I	R	A	R	É	P	T	I	L	Y
O	G	L	C	S	Q	D	Ú	V	B	U	J

____

____

____

____

____

____

4. Complete o diagrama com o nome dos seres e objetos representados pelas imagens no plural.

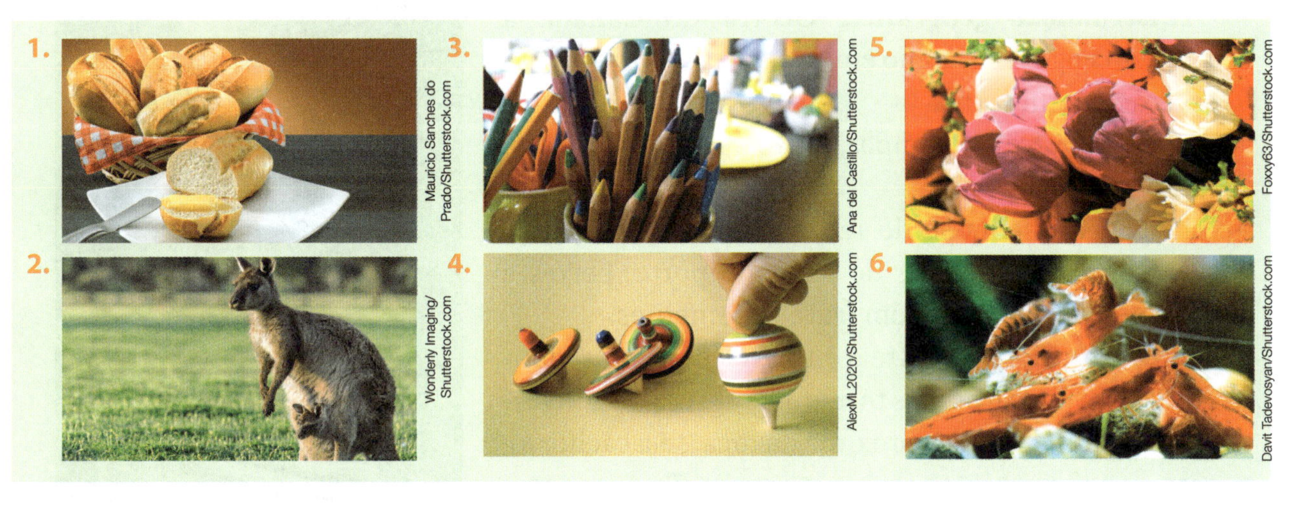

Mauricio Sanches do Prado/Shutterstock.com
Wonderly Imaging/Shutterstock.com
Ana del Castillo/Shutterstock.com
AlexML2020/Shutterstock.com
Foxxy63/Shutterstock.com
Davit Tadevosyan/Shutterstock.com

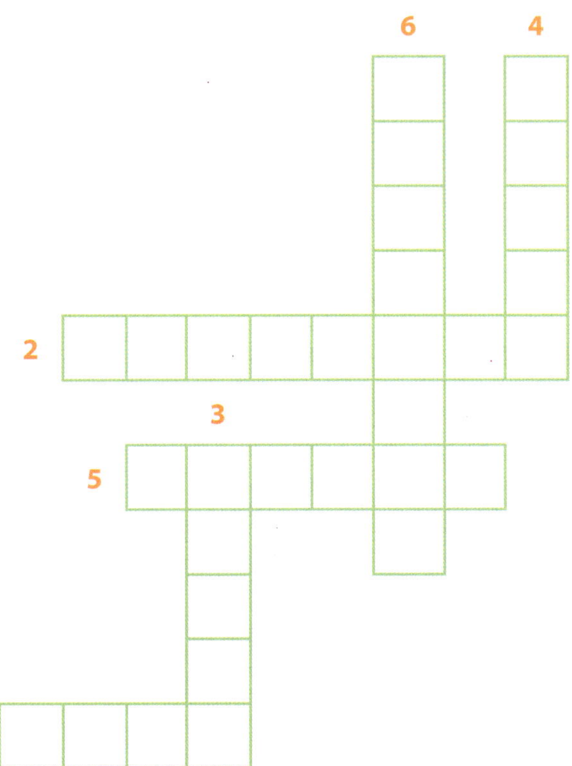

5. Leia, a seguir, um texto sobre a coruja-buraqueira.

CORUJA-BURAQUEIRA

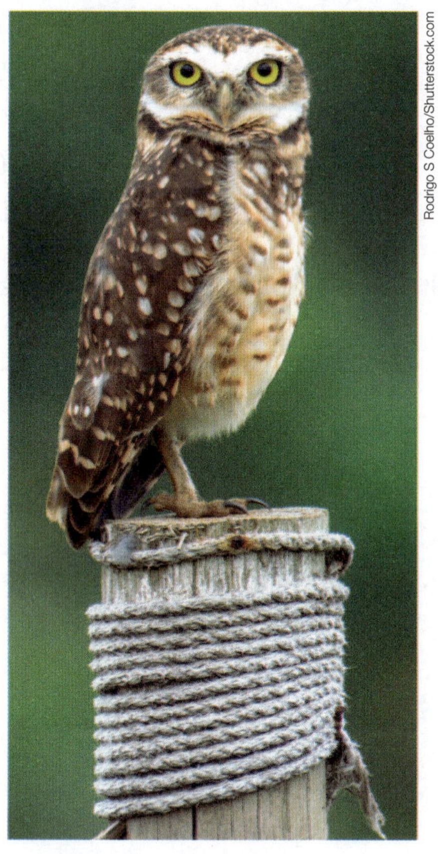
Rodrigo S Coelho/Shutterstock.com

Coruja-buraqueira.

Características físicas: Mede entre 23 e 27 cm de comprimento. Tem cabeça redonda, olhos amarelos brilhantes e bico acinzentado. As asas são marrons com várias manchas amarelas. Seus pés são longos e cinzentos, apropriados para andar marchando. Possui cauda curta. Sua visão e seus voos suaves são adaptados para caça. Tem uma envergadura entre 53 e 61 cm.

Distribuição geográfica: Ocorre do Canadá à Terra do Fogo, bem como em quase todo o Brasil, com exceção da Amazônia.

Habitat: Vive em campos, pastos, restingas, desertos, planícies e praias.

Dieta: Alimenta-se de ratos, pequenos pássaros, rãs, gafanhotos, répteis de pequeno porte, peixes e escorpiões. Come também frutos e sementes.

Reprodução: Põe entre 6 e 12 ovos brancos redondos. Nessa época, os pais tornam-se agressivos, investindo contra quem se aproxima da toca, seja cachorro, gato ou até mesmo o homem. A incubação dura entre 28 e 30 dias. Após 44 dias, os filhotes saem do ninho.

Curiosidades

Enxerga 100 vezes mais que o ser humano e também tem ótima audição. Para observar alguma coisa ao seu lado, gira o pescoço em um ângulo de até 270 graus, aumentando assim o seu campo visual.

José Lionello Manuzzi (org.). *Guia de fauna*: aves. Florianópolis: Usina Hidrelétrica Barra Grande, 2014. p. 40.

a) Nas palavras **olhos**, **sementes** e **ser**, a letra **s** representa o som de:

☐ k. ☐ z. ☐ s.

O som de **s** pode ser representado pelas seguintes letras: **c**, **ç**, **s**, **ss**, **sc**, **sç**, **x** e **xc**. Exemplos: alça, cidade, depressa, excelente.

b) No texto, há três palavras em que o som de **s** é representado pelas letras **ss**. Que palavras são essas?

___

c) Copie do texto três palavras em que o som de **s** é representado pela letra **c**.

____

____

d) Liste as palavras em que o som de **s** é representado pela letra **ç**.

____

____

e) Na palavra **exceção**, as letras **xc** representam qual som? E a letra **x** da palavra **aproxima**?

____

____

6. Complete as palavras a seguir com **c**, **ç**, **s**, **ss**, **sc**, **sç**, **x** ou **xc**. Depois, escreva as palavras inteiras.

a) can_____ão ____________

b) e_____plicação ____________

c) _____enoura ____________

d) na_____o ____________

e) pe_____oa ____________

f) e_____cursão ____________

g) e_____elente ____________

h) e_____plosão ____________

i) _____apato ____________

j) pa_____oca ____________

k) e_____ola ____________

l) adole_____ente ____________

m) cre_____o ____________

n) pi_____ina ____________

o) va_____oura ____________

p) _____ebola ____________

7. Ligue as três palavras abaixo, retiradas do texto "Coruja-buraqueira", ao modo como formam o plural.

marrons

répteis

escorpiões

Substantivos terminados em -**ão**: o plural pode ser em -**ães**, -**ões** ou -**ãos**.

Substantivos terminados em -**m**: troca-se o -**m** final por -**ns**.

Substantivos paroxítonos terminados em -**il**: troca-se o -**il** final por -**eis**.

ORTOGRAFIA

Palavras com lh ou li

1. Leia, a seguir, um trecho do conto de fadas "Cinderela".

Há muito tempo, aconteceu que a esposa de um rico comerciante adoeceu gravemente e, sentindo seu fim se aproximar, chamou sua única filha e disse:

— Querida filha, continue piedosa e boa menina que Deus a protegerá sempre. Lá do céu olharei por você, e estarei sempre a seu lado — mal acabou de dizer isso, fechou os olhos e morreu.

A jovem ia todos os dias visitar o túmulo da mãe, sempre chorando muito.

Veio o inverno, e a neve cobriu o túmulo com seu alvo manto. Chegou a primavera, e o sol derreteu a neve. Foi então que o viúvo resolveu se casar outra vez.

A nova esposa trouxe suas duas filhas, ambas louras e bonitas — mas só exteriormente. As duas tinham a alma feia e cruel.

A partir desse momento, dias difíceis começaram para a pobre enteada.

— Essa imbecil não vai ficar no quarto conosco! — Reclamaram as moças. — O lugar dela é na cozinha! Se quiser comer pão, que trabalhe!

[...]

Pushkin/Shutterstock.com

BRASIL. Ministério da Educação. *Alfabetização*: livro do aluno - Contos tradicionais, fábulas, lendas e mitos. Brasília, DF: MEC, 2000. v. 2, p. 39. Disponível em: www.dominiopublico.gov.br/download/texto/me001614.pdf. Acesso em: 3 jun. 2022.

a) Releia o trecho.

Veio o inverno, e a neve cobriu o túmulo com seu **alvo** manto.

- Agora, substitua a palavra em destaque por uma das seguintes, mantendo o mesmo sentido.

☐ escuro ☐ branco ☐ frio

b) Observe as palavras em destaque do trecho a seguir.

> A nova esposa trouxe suas duas filhas, ambas louras e bonitas – mas só exteriormente. As duas tinham a **alma feia e cruel**.

- De acordo com essas palavras, as filhas da nova esposa eram:

☐ confusas ☐ distraídas ☐ más

c) Releia este parágrafo.

> – Querida **filha**, continue piedosa e boa menina que Deus a protegerá sempre. Lá do céu **olharei** por você, e estarei sempre a seu lado – mal acabou de dizer isso, fechou os olhos e morreu.

- Encontre no diagrama as palavras em destaque no trecho acima e outras com **lh** e **li**. Depois, copie as palavras na coluna adequada da tabela a seguir.

H	G	M	R	S	B	F	B	C	V	E	L	H	I	C	E	Ç	T	A
S	A	N	D	Á	L	I	A	R	S	B	Á	Z	W	Z	W	C	P	B
S	L	A	W	F	M	L	S	B	M	Q	M	I	N	I	S	X	D	E
C	I	F	L	I	N	H	A	P	T	J	I	P	X	Ç	P	R	O	L
K	N	S	B	Q	Y	A	C	X	J	O	L	H	A	R	E	I	J	H
S	H	A	W	F	M	R	S	B	M	Y	H	I	S	P	W	B	C	A
H	A	M	L	R	E	L	I	G	I	Ã	O	P	X	U	P	R	Q	Z

Palavras com LH	Palavras com LI
____________________	____________________
____________________	____________________
____________________	____________________

2. Complete as palavras com **lh** ou **li**. Depois, escreva as palavras completas.

a) tri_____o ____________________

b) fi_____al ____________________

c) agu_____a ____________________

d) cí_____o ____________________

e) cava_____eiro ____________________

f) te_____a ____________________

g) ga_____nheiro ____________________

h) si_____ueta ____________________

i) mobí_____a ____________________

j) ore_____a ____________________

CAPÍTULO 13

Formação do plural dos substantivos compostos

As palavras **estrela-do-mar**, **paraquedas** e **segunda-feira** são exemplos de substantivos compostos.

A formação do plural dos substantivos compostos obedece a determinadas regras, como veremos a seguir.

a) Os substantivos compostos ligados sem hífen formam o plural como se fossem substantivos simples.

Exemplos:

o girassol → os girassóis
o passatempo → os passatempos
o pontapé → os pontapés

b) Os substantivos ligados com hífen formam o plural de diversas maneiras.

- Só o primeiro elemento vai para o plural em substantivos que apresentam uma preposição entre eles.

  Exemplos:

  a água-de-colônia → as águas-de-colônia
  o pé-de-meia → os pés-de-meia

- Só o segundo elemento vai para o plural quando o primeiro elemento é verbo ou palavra invariável e o segundo é substantivo ou adjetivo.

  Exemplos:

  o cata-vento → os cata-ventos
  o guarda-chuva → os guarda-chuvas
  o para-choque → os para-choques
  o vice-presidente → os vice-presidentes

Seo Sang Jin/Shutterstock.com

- Os dois elementos vão para o plural em substantivos compostos formados por duas palavras variáveis.

  Exemplos:

  a água-viva → as águas-vivas
  o amor-perfeito → os amores-perfeitos

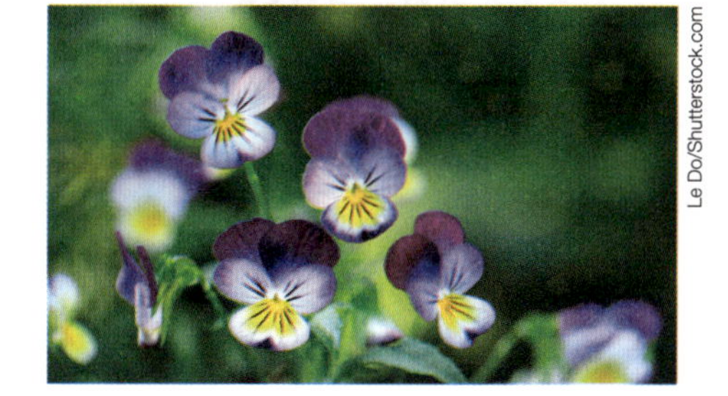
Le Do/Shutterstock.com

c) Em substantivos compostos formados por verbos repetidos, ambos os elementos vão para o plural.

Exemplos:

corre-corre → corres-corres
pula-pula → pulas-pulas

d) Em substantivos em que o segundo elemento já estiver no plural, o substantivo fica invariável.

Exemplos:

o arco-íris → os arco-íris
o porta-chaves → os porta-chaves

Observe o plural de alguns substantivos compostos.

- Só o primeiro elemento vai para o plural:

cana-de-açúcar → canas-de-açúcar
escola-modelo → escolas-modelo
fim de semana → fins de semana
pôr do sol → pores do sol

- Só o segundo elemento vai para o plural:

arranha-céu → arranha-céus
ex-diretor → ex-diretores
guardanapo → guardanapos
quebra-cabeça → quebra-cabeças

- Os dois elementos vão para o plural:

algodão-doce → algodões-doces
cirurgião-dentista → cirurgiões-dentistas
leão-marinho → leões-marinhos
sexta-feira → sextas-feiras

- Conservam a mesma forma tanto no singular como no plural:

guarda-costas   para-raios   porta-aviões   porta-malas   quebra-gelos   vai-volta

ATIVIDADES

1. Escreva o plural dos substantivos compostos a seguir.

a) terça-feira ____________________

b) guarda-sol ____________________

c) pé-de-moleque ____________________

d) peixe-boi ____________________

e) para-brisas ____________________

f) sofá-cama ____________________

2. Leia o poema visual abaixo, observando a imagem formada pelas palavras.

Um estranho objeto que guarda a preciosa chuva

Com apenas três anos, ele quer guardar a chuva,
Nunca viu nenhuma água caindo do céu,
Não sabe como o guarda-chuva funciona,
MAS TER FÉ É COISA DE NORDESTINO.

Fábio Bahia

Fábio Bahia
@poema.concreto

Fábio Bahia. Um estranho objeto que guarda a preciosa chuva. *Pinterest*, [s. *l.*], [20--]. Disponível em: https://br.pinterest.com/pin/512003051384959978/. Acesso em: 18 jun. 2022.

> O **poema visual** é composto da união entre o texto escrito e a imagem formada pelas palavras. Para entender um poema visual, é necessário associar o sentido do texto com a imagem constituída por ele.

a) No poema, o texto forma a imagem de um: ____________________

b) Leia em voz alta o título e o texto do poema.

- Qual é a relação entre o título, o assunto do poema e a imagem formada?

____

____

____

c) Identifique o substantivo composto no poema e dê o seu plural.

____

3. A jardineira fez uma lista das flores que cultiva em seu jardim. Ajude-a passando o nome das flores do quadro abaixo para o plural.

girassol amor-perfeito sempre-viva copo-de-leite
dama-da-noite flor-de-maio brinco-de-princesa

4. Reescreva as frases passando os substantivos compostos para o plural.

a) O salva-vidas ajudou o banhista que pisou na água-viva.

b) O vice-almirante estava a bordo do porta-aviões.

c) Ontem comemos couve-flor na janta e hoje comeremos cachorro-quente.

d) O tico-tico fez seu ninho na caixa-d'água vazia.

5. Forme uma frase com o plural de cada substantivo abaixo.

roda-gigante super-herói sobremesa

ORTOGRAFIA

Palavras com e, i e ei

1. Complete as palavras com **e**, **i** ou **ei**. Depois, escreva as palavras completas.

a) brigad______ro ________________

b) pr______vilégio ________________

c) terc______ro ________________

d) banquet______ ________________

e) ______squisito ________________

f) cr______ação ________________

2. Leia a tirinha a seguir.

Tirinha com Magali, de Mauricio de Sousa.

a) Observe a expressão facial de Magali no primeiro quadrinho ao ouvir a proposta do sapo. Que sentimento ela revela?

____

b) Observe a expressão corporal e facial de Magali no terceiro quadrinho. O que causou essa mudança em relação ao primeiro quadrinho?

____

____

c) Observe a onomatopeia no segundo quadrinho. Que som ela está representando?

____

d) As palavras **beijo**, **pipoqueiro** e **padeiro** contêm a sequência de letras **ei**, embora na fala, muitas vezes, as pessoas não pronunciem a letra **i** delas. Complete as palavras a seguir e assinale no quadrinho as que também contêm a sequência de letras **ei**. Se necessário, consulte o dicionário.

- [ ] bomb______ro
- [ ] carangu______jo
- [ ] band______ja
- [ ] torn______ra
- [ ] mant______ga
- [ ] cas______ro

CAPÍTULO 14

GRAMÁTICA

Grau dos substantivos

Leia o texto e observe as palavras destacadas.

Claudia Marianno

Exclamações

— Eta **mundo**! — falou o seu Raimundo.
— Eta **mundinho**! — falou o seu Dinho.
— Eta **mundão**! — falou o seu João.
— Eta mundeco! — falou o seu Maneco.
— Eta mundaréu! — falou o seu Léo.

Elias José. *Um jeito bom de brincar*. São Paulo: FTD, 2012. p. 20.

Os substantivos podem variar, geralmente, conforme a ideia de **aumento** ou de **diminuição** de tamanho, sempre partindo da palavra em seu grau **normal**.

Observe:

mundo → mundinho → mundão

Quando dizemos **mundo**, não há nenhuma referência de tamanho, mas, ao falarmos **mundinho**, há referência de tamanho (mundo pequeno), assim como quando falamos **mundão** (mundo grande).

Podemos flexionar o grau dos substantivos pelo **processo sintético** ou pelo **processo analítico**.

a) **Sintético**: quando acrescentamos terminações diminutivas ou aumentativas ao substantivo, como **-inho**/**-inha**, **-zinho**/**-zinha**, **-ete**/**-eta**, **-ote**/**-ota** (diminutivas) e **-ão**, **-alhão**, **-aréu**, **-arra**, **-zarrão**, **-eirão**, **-ona** (aumentativas) e outras.

Exemplos:

animal → animalzinho → animalão
boca → boquinha → bocarra
cama → caminha → camona
flor → florzinha → florzona

b) **Analítico**: quando o substantivo aparece modificado por adjetivos que expressam ideia de aumento e diminuição, como **pequeno**, **minúsculo**, **grande**, **imenso**, **enorme** e outros.

Exemplos:

árvore → árvore pequena → árvore enorme
gato → gato pequeno → gato grande
fogo → fogo fraco → fogo forte
mala → mala minúscula → mala imensa

Observe outros exemplos.

Diminutivos sintéticos:

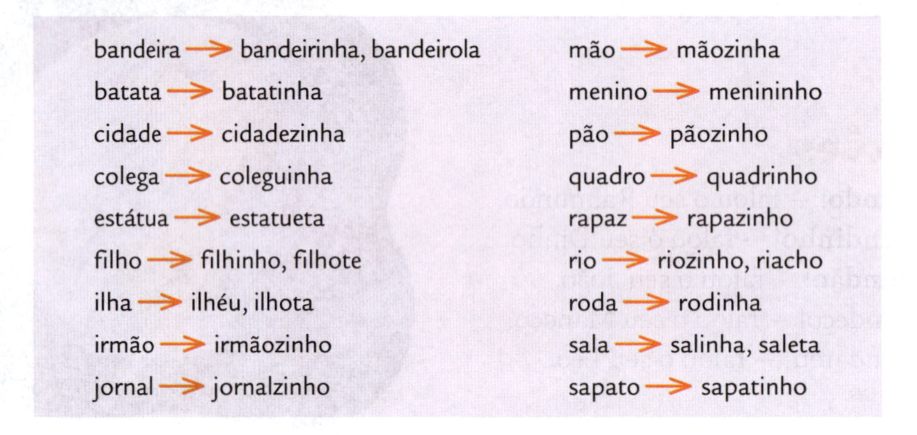

bandeira → bandeirinha, bandeirola	mão → mãozinha
batata → batatinha	menino → menininho
cidade → cidadezinha	pão → pãozinho
colega → coleguinha	quadro → quadrinho
estátua → estatueta	rapaz → rapazinho
filho → filhinho, filhote	rio → riozinho, riacho
ilha → ilhéu, ilhota	roda → rodinha
irmão → irmãozinho	sala → salinha, saleta
jornal → jornalzinho	sapato → sapatinho

Aumentativos sintéticos:

amigo → amigão	mulher → mulherona
barba → barbaça	muro → muralha
caldeira → caldeirão	nariz → narigão
cão → canzarrão	pé → pezão
casa → casarão	povo → povaréu
dedo → dedão	rapaz → rapagão
forno → fornalha	sapo → sapão
gol → golaço	voz → vozeirão

ATIVIDADES

1. Escreva o aumentativo sintético dos substantivos abaixo.

a) homem ______________________

b) boca ______________________

c) moça ______________________

d) peixe ______________________

e) garrafa ______________________

f) caderno ______________________

g) criança ______________________

h) chapéu ______________________

2. Complete as frases com o aumentativo ou o diminutivo sintético dos substantivos em destaque. Observe o contexto para escolher corretamente o grau.

a) Não era um **muro** qualquer; ele era gigante! Era uma ______________________!

b) Como cresceu esse **rapaz**! Já é um ______________________!

c) Os objetos maiores estão nas **caixonas**, e os menores estão nas ______________________!

d) A **voz** do personagem era muito grossa e alta. Era um ______________________ assustador!

3. Leia as palavras e escreva-as nas colunas adequadas.

dedão	beijo	florzinha	coelhão	cãozinho	fogaréu	murinho
copo	festança	ursão	sala	tamborim	livro	canetinha
serrote	dentão	chuva	lápis	borboletona	violão	irmãzinha

Grau normal	Grau diminutivo	Grau aumentativo

4. Escolha três palavras da atividade anterior que estejam no grau diminutivo ou aumentativo e escreva uma frase com cada uma delas.

____

____

____

____

____

____

5. Leia o conto africano a seguir.

A galinha e a perdiz

Bruna Ishihara

Antigamente, há muito tempo atrás, na floresta, a galinha e a perdiz eram grandes amigas. Foi assim, cada uma com a sua família.

Um dia, chovia em todos os lugares, especialmente na floresta. As duas amigas estavam molhadas, até mesmo sob as asas! Estava muito frio a tal ponto que todo mundo tremia. As duas amigas decidiram procurar uma fogueira para se aquecerem.

A perdiz propôs à galinha a ir à aldeia em busca de fogo. Antes que a galinha tomasse o caminho da aldeia, a perdiz teve tempo para mostrar-lhe como são os humanos e a necessidade de ser humilde diante deles.

A perdiz disse:

— Lá na aldeia, você vai encontrar seres humanos. Eles não são tão fáceis! Você tem que ser esperta. Cada um tem duas pernas, duas orelhas, dois braços, duas mãos, dois olhos. Se você se dirigir a eles gentilmente, eles vão ser educados com você e lhe darão o fogo que vai nos salvar.

A galinha tremendo, começou a viagem e entrou na aldeia. Os seres humanos vendo-a, receberam-na muito bem, honrosamente. Deram-lhe comida, colocaram-na perto do fogo, aquecendo-a, enquanto ela ainda não tinha dito o motivo de sua missão. A galinha comeu, bebeu e encontrou calor, perdendo de vista o que tinha ido buscar. Esqueceu-se da floresta e de sua amiga perdiz.

A perdiz não entendia. Então, pediu ao galo, o marido de sua amiga, para ir e ver o que havia acontecido com sua esposa.

Ela disse:

— Meu caro, estávamos todos aqui, a chuva molhou-nos muito! Minha amiga foi obter fogo na aldeia. Você sabe! Eu temo. Talvez algo de ruim aconteceu com ela ao longo do caminho. Vá e veja, também, se pode nos trazer o fogo.

O galo duvidava um pouco. Ele estava com medo, pensando que a galinha tinha sido comida por humanos. A perdiz não deixou de lhe recordar a importância do marido em casa. É ele quem tem de defender as mulheres e as crianças.

Além disso, para este efeito, é ele quem, na cama, dorme na frente, lembrou a perdiz.

Diante deste desafio, o galo concordou e tomou a estrada da aldeia. Na cidade dos seres humanos, o galo foi bem recebido pelos seus anfitriões, incluindo a galinha, sua esposa. Deram-lhe comida, bebida e aquecimento! Mas o galo esqueceu-se, também, de sua missão!

À noite, o galo e a galinha falaram muitas vezes da sua aventura. Surpreendidos pela bondade dos seres humanos, decidiram ficar com eles. Assim, eles ficaram ao lado dos humanos, deixando a perdiz sozinha na floresta.

Lá onde ela estava, continuou a sofrer com o frio. O frio causou a morte das perdizes e dos filhotes. No dia seguinte, de manhã cedo, ela chamou seu marido, seus irmãos, seus primos, toda a sua família. Uma grande reunião foi realizada, na praça, para tratar do caso. Daí veio a grande decisão:

— Agora, o clã "galinha" é nosso inimigo. Vamos atacar por todos os meios e exterminá-lo!

É por isso que a perdiz caça os pintinhos da galinha para exterminar o seu clã.

[...]

Butoa Balingene. *Alguns contos africanos*. Lavras: Editora do Autor, 2016. p. 58-59.

a) Onde ocorreu a história e em que época aconteceu?

____

____

____

b) Releia o terceiro parágrafo do texto. Por que a perdiz aconselha a galinha a ser humilde com os humanos?

____

____

____

____

c) Numere os acontecimentos principais da história na ordem em que ocorreram.

☐ O galo foi até a aldeia, mas recebeu um tratamento tão bondoso que acabou ficando também, esquecendo-se da perdiz.

☐ A galinha foi até a aldeia, mas foi tão bem tratada que acabou ficando por lá, esquecendo-se da amiga e de seus familiares.

☐ Em razão dessa atitude, os filhotes da perdiz acabaram morrendo, o que fez com que ela tomasse a decisão de considerar, daí para frente, as galinhas como suas inimigas mortais.

☐ Em um dia de muita chuva, a perdiz e a galinha, grandes amigas, estavam molhadas e morrendo de frio.

☐ A perdiz pediu para a galinha ir até a aldeia dos humanos pedir fogo para se aquecerem.

☐ A perdiz ficou preocupada e pediu, então, para o galo ir até a aldeia procurar pela esposa.

d) Circule nos dois últimos parágrafos do conto dois substantivos que estejam no grau diminutivo sintético.

ORTOGRAFIA

Palavras com x representando o som de cs

1. Leia o texto a seguir.

OCEANOS ESTÃO PERDENDO OXIGÊNIO COM AS MUDANÇAS CLIMÁTICAS

A União Internacional de Conservação da Natureza (IUCN, na sigla em inglês) fez uma descoberta **alarmante**: as mudanças climáticas e a poluição por nutrientes estão retirando o oxigênio dos oceanos e ameaçando muitas espécies, como atum e tubarões. Os dados foram apresentados na Conferência do Clima da ONU (COP-25), realizada em Madri, na Espanha.

Segundo relatório da IUCN, atualmente, cerca de 700 locais oceânicos sofrem com **baixo oxigênio**, em comparação com 45 na década de 1960. O escoamento feito por indústrias de nutrientes químicos, como nitrogênio e fósforo, já é bastante conhecido por impactar os níveis de oxigênio nas águas do mar. Mas agora, a ameaça das mudanças climáticas também é uma preocupação.

O aumento da concentração de gás carbônico na atmosfera intensifica o efeito estufa e os oceanos absorvem parte do calor – e a água mais quente pode conter menos oxigênio. Se os países não diminuírem as emissões, espera-se que os oceanos do mundo percam de 3% a 4% de seu oxigênio até o ano 2100.

OCEANOS estão perdendo oxigênio com as mudanças climáticas. *Revista Galileu*, [*s. l.*], 10 dez. 2019. Disponível em: https://revistagalileu.globo.com/Ciencia/Meio-Ambiente/noticia/2019/12/oceanos-estao-perdendo-oxigenio-com-mudancas-climaticas.html. Acesso em: 25 maio 2022.

a) Qual das expressões abaixo pode substituir o termo **alarmante** em destaque no primeiro parágrafo, mantendo o seu sentido?

☐ interessante ☐ assustadora ☐ inovadora

b) Leia os termos em destaque no segundo parágrafo. Qual é o som representado pela letra **x** nas palavras **baixo** e **oxigênio**, respectivamente?

☐ **ch** e **z** ☐ **z** e **cs** ☐ **ch** e **cs**

c) Sublinhe as palavras em que a letra **x** representa o som de **cs** como na palavra **oxigênio**.

látex próximo táxi excesso
exame texto mexer reflexo

CAPÍTULO 15

Artigo

Leia o poema abaixo e observe as palavras destacadas.

A lua

A lua pinta a rua de prata
e na mata a lua parece
um biscoito de nata.
[...]

vectorpouch/Shutterstock.com

Roseana Murray. *Poesia fora da estante*. Porto Alegre: Projeto CPL/PUCRS, 2000.

As palavras destacadas no texto são **artigos**.

> **Artigo** é a palavra que precede o substantivo, indicando-lhe o gênero e o número.

Há dois tipos de artigo: **definido** e **indefinido**. Veja:

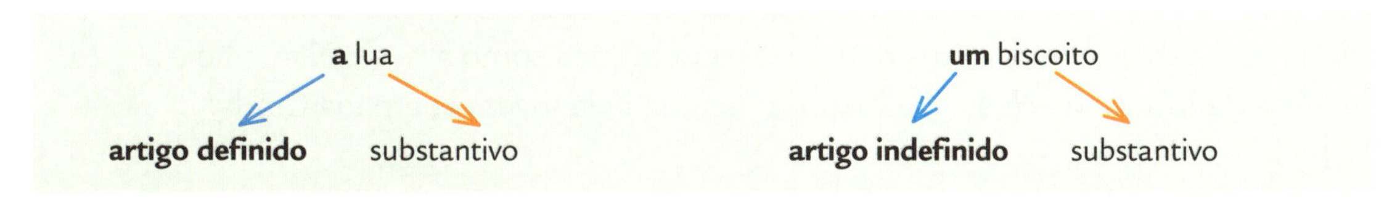

Artigo definido

Artigo definido é aquele que determina o substantivo de modo preciso. São artigos definidos: **o**, **a**, **os**, **as**.

Exemplos:

a mulher – **as** mulheres   **o** sapato – **os** sapatos

Artigo indefinido

Artigo indefinido é aquele que determina o substantivo de modo vago, impreciso. São artigos indefinidos: **um**, **uma**, **uns**, **umas**.

Exemplos:

um cão - **uns** cães   **uma** rua - **umas** ruas

O artigo determina o **gênero** e o **número** do substantivo.

A amiga → feminino singular
O jabuti → masculino singular
As amigas → feminino plural
Os jabutis → masculino plural

O artigo antes de qualquer palavra a transforma em **substantivo**. Veja o exemplo:

ATIVIDADES

1. Complete as frases com artigos definidos.

a) ______ ventilador da sala está ligado.

b) ______ cavalos foram levados para ______ fazenda.

c) ______ Luciana chamou ______ Rafael para ir ao cinema.

d) ______ convidadas receberam ______ aniversariante.

2. Leia o texto abaixo e circule de azul os artigos definidos e de vermelho os artigos indefinidos. Depois, copie na tabela os artigos e os substantivos que eles acompanham.

> Era uma vez, de novo, uma linda garota que vivia num castelo. Seus olhos eram azuis, seus cabelos eram loiros e seu rosto era branco como a neve. Não, não é a história da Branca de Neve. É a história de uma bela jovem chamada Cindy.
> [...]

Telma Guimarães. *Uma outra princesa*. São Paulo: Editora do Brasil, 2015. p. 9.

Artigo definido + substantivo	Artigo indefinido + substantivo

3. Leia a anedota a seguir.

Um garotinho liga para um consultório:

— Tem oculista aí?

— Tem sim, você quer marcar uma consulta?

— Não, só quero ajudar meu pai. Hoje de manhã ele disse que a lâmina de barbear dele estava ficando cega...

Rudenko Alla/Shutterstock.com

Paulo Tadeu. *Proibido para maiores*: as melhores piadas para crianças. São Paulo: Matrix Editorial, 2014.

a) Quais são os personagens dessa anedota?

____

b) Releia o trecho.

> — Não, só quero ajudar meu pai. Hoje de manhã ele disse que a lâmina de barbear dele **estava ficando cega**...

- Qual é o sentido da expressão em destaque? Assinale a resposta correta.

  - [ ] A lâmina de barbear perdeu a ponta.
  - [ ] A lâmina de barbear estava ficando sem corte, sem afiação.
  - [ ] A lâmina de barbear estava ficando torta.

c) O efeito de humor de uma anedota é causado por uma quebra de expectativa. No caso da anedota lida, qual expectativa foi rompida?

____

____

____

d) Releia o trecho abaixo.

> Um garotinho liga para um consultório:

- Reescreva a frase acima substituindo garotinho por garotinha e consultório por farmácia.

____

- Classifique os artigos empregados nessa reescrita.

____

ORTOGRAFIA

Palavras com c ou ç

A **cedilha (¸)** é usada na letra **c** antes das vogais **a**, **o** e **u** para representar o som de **s**. Exemplos: lembrança, braço, açúcar.

Não se usa cê-cedilha (ç) antes das letras **e** e **i**, nem no começo de palavras. Exemplos: doce, cinto.

1. Leia a lenda indígena a seguir e vá completando as palavras indicadas com **c** ou **ç**.

A lenda do milho

Segundo uma lenda Pare_____i, o primeiro grande chefe desse povo, cujo nome era Ainotarê, sabendo que ia morrer, chamou seu filho Kaleitoê e disse:

— Vou morrer e ordeno-lhe que me enterre no meio da ro_____a.

Ainotarê morreu e seu filho o enterrou no lugar em que ele havia pedido.

Passados três dias do enterro do velho chefe, brotou de sua _____ova uma nova planta, diferente das que eles conhe_____iam, que depois de algum tempo rebentou em sementes.

Ainotarê também havia falado que não deviam _____omer as primeiras sementes e, sim, guardá-las para as replantarem. Com isso, a tribo teria um novo e pre_____ioso alimento.

Os conselhos de Ainotarê foram seguidos e, assim, o povo Pareci passou a usar o milho para sua alimenta_____ão.

Claudia Marianno

Antoracy Tortolero Araujo. *Lendas indígenas*. São Paulo: Editora do Brasil, 2014. p. 6.

2. Preencha o diagrama. Atenção ao uso do **c** e do **ç**.

1. Antônimo de tarde.
2. Quando queremos passar, devemos pedir...
3. Fica acima dos olhos.
4. Sinônimo de confusão.
5. Aquilo que sentimos quando estamos cansados.
6. Tomamos para evitar alguma doença.
7. Queijo usado nas *pizzas*.

CAPÍTULO 16

GRAMÁTICA

Formação do adjetivo e da locução adjetiva

Leia o poema e observe as palavras destacadas.

Caiu do céu a poesia
na forma de uma chuvinha,
pingos **grossos**, cheiro **doce**,
que molhou as redondezas,
encharcou os meus cabelos,
inundou a minha vida
e levou minha tristeza.

Claudia Marianno

Sônia Junqueira. *Poesia na varanda*. Belo Horizonte: Autêntica, 2011. p. 18.

O termo **grossos** é uma qualidade atribuída à palavra **pingos** e o termo **doce** é uma qualidade atribuída à palavra **cheiro**. A essas palavras que indicam **qualidade**, **estado** ou **característica** dos substantivos chamamos **adjetivos**.

> **Adjetivo** é uma palavra variável em gênero, número e grau que indica um estado, qualidade ou característica dos substantivos.

Os adjetivos podem ser classificados em **simples**, **compostos**, **primitivos** ou **derivados**.

Adjetivos simples

São os formados por um só elemento.

Exemplos:

alegre   bonito   ruim

Adjetivos compostos

São os formados por mais de um elemento.

Exemplos:

sul-americano   verde-claro

Adjetivos primitivos

São os que não derivam de outras palavras.

Exemplos:

bom fiel novo

Adjetivos derivados

São os que derivam de outras palavras.

Exemplos:

amor → **amoroso**
conforto → **confortável**

Adjetivos pátrios

São aqueles que se referem a países, cidades e regiões, exprimindo a nacionalidade ou a origem do ser. Conheça alguns deles, referentes aos estados do Brasil.

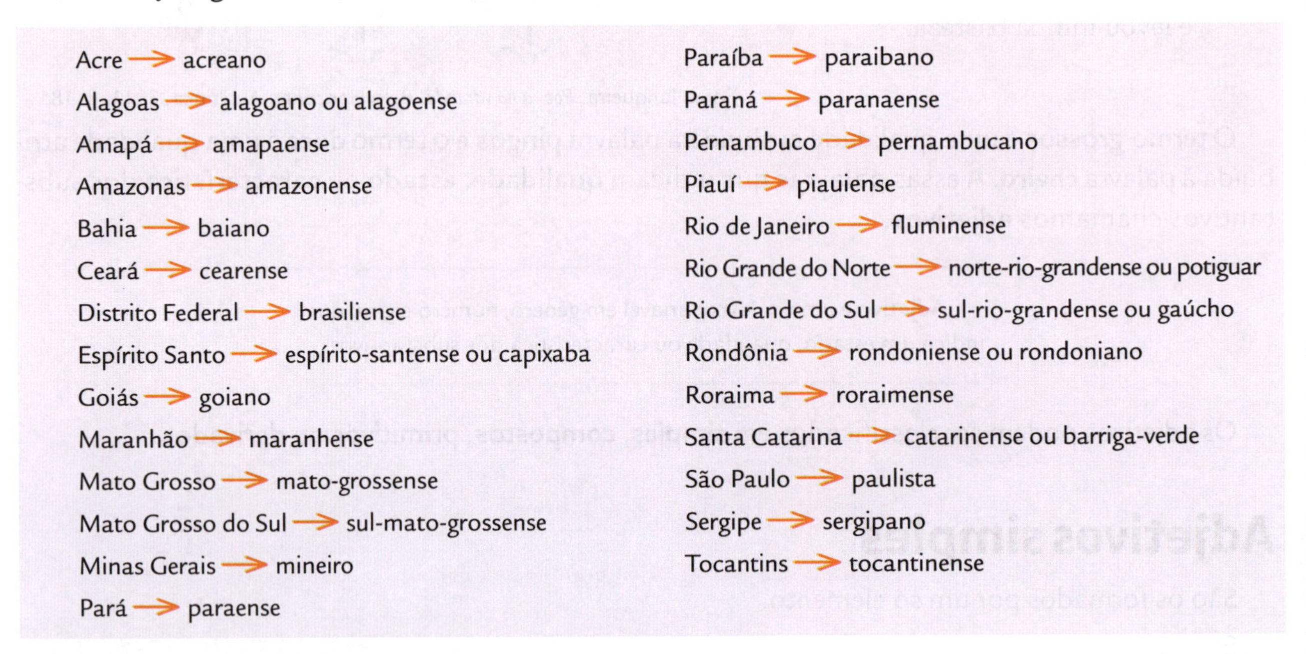

Acre → acreano
Alagoas → alagoano ou alagoense
Amapá → amapaense
Amazonas → amazonense
Bahia → baiano
Ceará → cearense
Distrito Federal → brasiliense
Espírito Santo → espírito-santense ou capixaba
Goiás → goiano
Maranhão → maranhense
Mato Grosso → mato-grossense
Mato Grosso do Sul → sul-mato-grossense
Minas Gerais → mineiro
Pará → paraense
Paraíba → paraibano
Paraná → paranaense
Pernambuco → pernambucano
Piauí → piauiense
Rio de Janeiro → fluminense
Rio Grande do Norte → norte-rio-grandense ou potiguar
Rio Grande do Sul → sul-rio-grandense ou gaúcho
Rondônia → rondoniense ou rondoniano
Roraima → roraimense
Santa Catarina → catarinense ou barriga-verde
São Paulo → paulista
Sergipe → sergipano
Tocantins → tocantinense

Veja alguns adjetivos referentes a outros países:

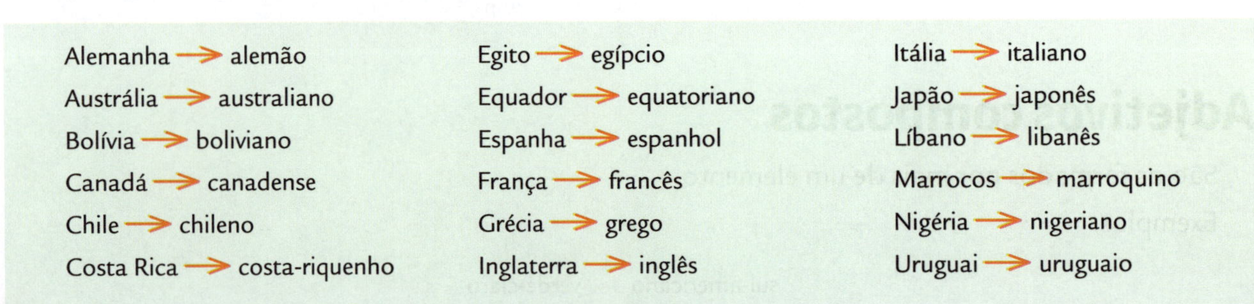

Alemanha → alemão
Austrália → australiano
Bolívia → boliviano
Canadá → canadense
Chile → chileno
Costa Rica → costa-riquenho
Egito → egípcio
Equador → equatoriano
Espanha → espanhol
França → francês
Grécia → grego
Inglaterra → inglês
Itália → italiano
Japão → japonês
Líbano → libanês
Marrocos → marroquino
Nigéria → nigeriano
Uruguai → uruguaio

ATENÇÃO

Usa-se **letra maiúscula** para cidades, países e outros substantivos próprios que designam nomes de lugares, mas se usa **letra minúscula** para os adjetivos pátrios.

Locuções adjetivas

A junção de duas ou mais palavras com valor de um adjetivo chama-se **locução adjetiva**.

animal **do mar** → animal **marinho**
bolo **com recheio** → bolo **recheado**
carne **de boi** → carne **bovina**
rua **com asfalto** → rua **asfaltada**

Nem sempre há um adjetivo correspondente para a locução adjetiva. Exemplos:

Guardei os vasos **sem flores** em uma caixa **de papelão**.
O artilheiro **do campeonato** marcou um gol **de placa**.

Observe no quadro abaixo exemplos de adjetivos.

água → aquático
anjo → angelical
boca → bucal, oral
boi → bovino
cabelo → capilar
cabra → caprino
campo → rural
cão → canino
cavalo → equino
chuva → chuvoso, pluvial
cidade → urbano
coração → cardíaco
criança → infantil
dedo → digital
dia → diário
espaço → espacial
estômago → estomacal
estrela → estelar
fábrica → fabril
ferro → férreo
fruta → frutado
galinha → galináceo
gato → felino
guerra → bélico
irmão → fraternal, fraterno
lua → lunar
mãe → maternal, materno
manhã → matinal, matutino
mês → mensal
morte → mortal ou letal
natal → natalino
noite → noturno
orelha → auricular
pai → paternal, paterno
paixão → passional
porco → suíno
povo → popular
pulmão → pulmonar
rim → renal
rio → fluvial
selva → silvestre
sol → solar
tarde → vesperal, vespertino
teatro → teatral
terra → terrestre
umbigo → umbilical
velho → senil
vida → vital
visão → ótico
voz → vocal

ATIVIDADES

1. Leia a receita abaixo e observe os adjetivos e as locuções adjetivas em destaque.

Bombom de cajuzinho

Ingredientes:

- uma xícara **grande** de amendoim **torrado** e **sem pele**;
- duas colheres **de sopa** de achocolatado **em pó**;
- uma lata de leite **condensado**;
- uma colher **de chá** de margarina;
- açúcar **cristal**.

Luciano Ohya/Shutterstock.com

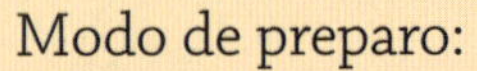

Modo de preparo:

1. Misture bem todos os ingredientes (menos o açúcar) em um recipiente **médio**;
2. Leve ao micro-ondas por 6 minutos. Na metade do tempo, pause e retire o recipiente com cuidado para mexer o conteúdo. Depois, volte ao micro-ondas.
3. Finalizado o cozimento, mexa novamente o conteúdo e coloque o recipiente na geladeira por 30 min para esfriar;
4. Verifique se a mistura está **gelada** e enrole os cajuzinhos, passando as bolinhas no açúcar cristal; se desejar, coloque os cajuzinhos em forminhas **coloridas** antes de servir.

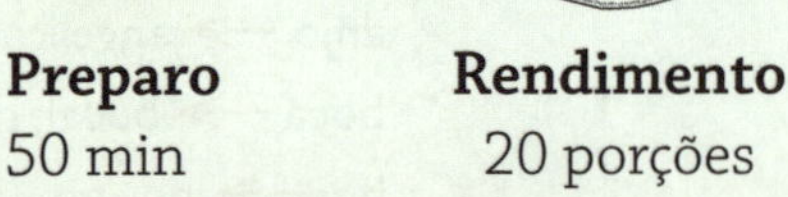

Eduardo Belmiro

Egor Shilov/Shutterstock.com

Preparo
50 min

Rendimento
20 porções

Receita escrita especialmente para esta obra.

a) Copie as locuções adjetivas.

____

- Quais substantivos essas locuções adjetivas estão caracterizando?

____

b) Copie os adjetivos.

____

- Quais substantivos esses adjetivos estão caracterizando?

____

____

c) Invente um novo nome para a receita. Ele deve ter ao menos dois adjetivos.

____

2. Leia o poema a seguir.

O limão

Agora preste atenção
Se a vida for um limão

Em um copo de água
Natural, fria ou gelada,

Ponha açúcar a gosto
Para não ter desgosto

E sinta a vida mudada
De limão para limonada.

Sérgio Capparelli. *Poesia de bicicleta*. Porto Alegre: L&PM, 2009.

a) Circule as palavras que rimam no poema.

b) As rimas ocorrem em quais versos?

____

c) A quem o eu lírico se dirige no poema? Transcreva um verso do poema que comprove sua resposta.

____

____

d) O que significa, no poema, a vida ser um limão?

____

____

e) Segundo o eu lírico, o que o interlocutor deve fazer quando "a vida for um limão"? Justifique com versos do poema.

____

____

____

f) Observe as palavras destacadas dos versos.

Em um copo de água
Natural, **fria** ou **gelada**,

- Esses adjetivos são atribuídos a qual substantivo? ______________________

3. Complete as frases com os adjetivos derivados.

a) Quem tem bondade é ____________.

b) Quem tem esforço é ____________.

c) Quem tem influência é ____________.

d) Quem tem carência é ____________.

e) Quem tem paciência é ____________.

f) Quem tem carinho é ____________.

g) Quem tem atenção é ____________.

h) Quem tem confiança é ____________.

4. Circule os adjetivos pátrios.

a) Adoro as praias fluminenses.

b) Comprei na feira um azeite português.

c) O Pierre é francês e o Enrico é italiano.

d) A Luciana tem um avô libanês e um primo alemão.

e) Os turistas colombianos chegaram ao hotel.

f) Meu tio pernambucano faz uma tapioca deliciosa.

Aleksandar Todorovic/Shutterstock.com

5. Relacione corretamente.

1. adjetivo simples
2. adjetivo composto
3. adjetivo primitivo
4. adjetivo derivado

a) monstruoso (________)

b) ligeiro (________)

c) verde-amarelo (________)

d) roxo (________)

e) livre (________)

f) preguiçoso (________)

g) liso (________)

h) vermelho-escuro (________)

i) competente (________)

j) azulado (________)

k) triste (________)

l) amável (________)

6. Reescreva as frases substituindo os adjetivos pelas locuções adjetivas correspondentes.

a) Todos os anos, minha escola organiza uma festa junina.

____

b) Yara faltou à aula porque estava com dor estomacal.

____

c) Essa loja vende artigos caninos e felinos.

____

7. Observe as imagens e escreva uma frase que contenha o adjetivo correspondente à locução adjetiva indicada em cada uma delas. Siga o modelo.

a) **dia de chuva**

Patrick Foto/Shutterstock.com

A menina levou o guarda-chuva porque o dia estava **chuvoso**.

b) jardim com flores

Maria_Usp/Shutterstock.com

____

____

____

c) festa de criança

Monkey Business Images/Shutterstock.com

____

____

____

d) passeio no campo

Serhii Bobyk/Shutterstock.com

____

____

____

e) amor de mãe

Monkey Business Images/Shutterstock.com

____

____

____

Flexão dos adjetivos: gênero e número

Leia o trecho e observe as palavras em destaque.

Nos dias atuais, vivemos a fase da reciclagem, onde **velhos** materiais podem ser transformados em **novos** e **úteis** objetos, inclusive servindo como fonte de renda para muitas famílias.
[...]

LanaStock/iStockphoto.com

Leonardo Mendes Cardoso. *Planeta Terra*: nossa casa! São Paulo: Editora do Brasil, 2013. p. 32.

O adjetivo **velhos** está no masculino e no plural porque caracteriza a palavra **materiais**, que é um substantivo masculino e está no plural.

Os adjetivos **novos** e **úteis** estão no masculino e no plural porque caracterizam a palavra **objetos**, que é um substantivo masculino e está no plural.

Flexão de gênero dos adjetivos

Quanto ao gênero, o adjetivo pode ser **uniforme** e **biforme**.

- **Uniforme**: quando o adjetivo apresenta uma única forma para os dois gêneros.

Exemplos:

aluno **gentil** → aluna **gentil**
garoto **cruel** → garota **cruel**
gato **amável** → gata **amável**
menino **feliz** → menina **feliz**

- **Biforme**: quando o adjetivo apresenta duas formas: uma para o masculino, outra para o feminino.

Exemplos:

amigo **divertido** → amiga **divertida**
pai **amoroso** → mãe **amorosa**

Flexão de número dos adjetivos

Quanto ao número, os adjetivos podem ser flexionados em **singular** e **plural**, sempre concordando com o substantivo que acompanham. Exemplos:

bicicleta **amarela** (singular) → bicicletas **amarelas** (plural)

Flexão dos adjetivos simples

Os **adjetivos simples** formam o plural da mesma maneira que os substantivos simples. Exemplos:

erro **acidental** → erros **acidentais**
homem **hábil** → homens **hábeis**
mulher **capaz** → mulheres **capazes**

Flexão dos adjetivos compostos

De modo geral, nos **adjetivos compostos**, somente o último elemento varia, tanto em gênero quanto em número. Exemplos:

baleia **azul-escura** → baleias **azul-escuras**

Alguns adjetivos compostos não seguem essa regra. Os adjetivos compostos **azul-marinho** e **azul-celeste** são invariáveis. Exemplo:

gravata **azul-marinho** → gravatas **azul-marinho**

Nos adjetivos compostos que indicam cores, se o último elemento for um substantivo, o adjetivo composto fica invariável. Exemplo:

vestido **amarelo-ouro** → vestidos **amarelo-ouro**

Os dois elementos variam também nos casos em que o adjetivo composto for formado por substantivo + adjetivo. Exemplos:

homem **pão-duro** → homens **pães-duros**
rapaz **cabeça-oca** → rapazes **cabeças-ocas**

1. Passe para o feminino e plural.

a) Padrinho feliz. ____________________

b) Carneiro manso. ____________________

c) Herói corajoso. ____________________

d) Genro honesto. ____________________

e) Amigo leal. ____________________

f) Irmão generoso. ____________________

2. Reescreva as frases passando para o plural.

a) Esse atleta é veloz.

____

b) O farol está verde ou vermelho?

____

c) Este exercício é rápido e fácil.

____

d) A pipa amarela voava no céu azul.

____

e) Meu tio é pão-duro.

____

f) Joaquim comeu sorvete de chocolate.

____

g) Vanessa esqueceu o livro de História ontem.

____

3. Complete a tabela.

Singular	Plural
Boné amarelo-limão	
Camiseta laranja-claro	
Saia cor-de-rosa	
Calça verde-abacate	
Camisa azul-celeste	
Mochila branca	
Tênis marrom-café	

4. Leia a tirinha e faça o que se pede.

Tirinha com os Peanuts, de Charles Schulz.

a) Encontre e copie o adjetivo composto.

____

b) Qual é o significado desse adjetivo? Marque a opção correta.

☐ teimosa

☐ esperta

☐ esquecida

c) Complete:

A garota é cabeça-dura.

As garotas são _______________________________.

5. Leia o poema a seguir.

Andorinha

1 A andorinha
2 é pequenininha,
3 mas é bem forte.
4 No inverno,
5 ela bate, bate suas asinhas,
6 e voa do sul ao norte
7 pra ficar mais quentinha.
8 Nessa migração,
9 não pense
10 que ela vai sozinha,
11 pois não vai, não.
12 Vai com muitas
13 e muitas amiguinhas.

Fábio Colombini. *Poemas voadores*. São Paulo: Duna Dueto Editora, 2018. p. 23.

a) Escreva as palavras que rimam no poema.

____

____

____

b) Observe o verso 8 do poema. Assinale a alternativa que indica qual palavra pode substituir o termo **migração** mantendo-se o sentido.

- [ ] passeio
- [ ] subida
- [ ] deslocamento

c) Observe as palavras destacadas nestes versos.

> No inverno,
> **ela bate, bate suas asinhas,**
> e voa do sul ao norte
> pra ficar mais quentinha.

- Que efeito de sentido tem a repetição da forma verbal **bate**?

____

____

d) Releia o trecho a seguir.

> A andorinha
> é pequenininha,
> mas é bem forte.

- Reescreva os versos substituindo **andorinha** por **andorinhas**.

____

____

- Sublinhe os adjetivos da resposta anterior.

e) Copie outros dois adjetivos presentes no poema.

____

f) Passe esses dois adjetivos para o masculino e plural.

____

ORTOGRAFIA

Apóstrofo

O **apóstrofo** é usado para indicar que uma letra foi tirada da palavra.
Exemplos: caixa-d'água, estrela-d'alva.
Em algumas dessas palavras é necessário empregar o **hífen** (-).

1. Observe, a seguir, um cartaz de uma campanha contra o desperdício de água.

Cartaz da campanha publicitária "Desperdício é a gota d'água", 2019. Agência Reguladora dos Serviços Públicos do Acre (Ageac) e Departamento Estadual de Água e Saneamento (Depasa).

a) Com qual finalidade o cartaz foi produzido?

____

____

b) Qual é o público-alvo do cartaz?

____

c) Observe os seguintes dizeres do cartaz.

DESPERDÍCIO É A GOTA D' ÁGUA

LAVAR ROUPAS
JUNTE BASTANTE

REDUZA ATÉ 135 LITROS

- Por que essas frases foram escritas com letras maiúsculas e grandes e com fundo colorido no cartaz?

___

___

d) Observe a palavra **gota d'água** presente no cartaz. Ela está escrita corretamente? Busque a palavra no dicionário para descobrir.

___

- O apóstrofo é usado para indicar que uma letra foi retirada. No caso dessa palavra, qual letra foi eliminada?

___

2. Observe as imagens e forme uma frase com cada palavra do quadro.

copo-d'água	galinha-d'angola	caixa-d'água

a) 
Andrei Kuzmik/Shutterstock.com

___

___

b) 
KKulikov/Shutterstock.com

___

___

c) 
Manivannan T/Shutterstock.com

___

___

CAPÍTULO 17

Grau dos adjetivos

Os adjetivos podem ser flexionados em grau.

São dois os graus do adjetivo: **comparativo** e **superlativo**.

Grau comparativo

O **grau comparativo** serve para comparar uma mesma qualidade entre dois ou mais seres ou duas ou mais qualidades de um mesmo ser.

O grau comparativo pode ser de **igualdade**, **superioridade** ou **inferioridade**.

É **comparativo de igualdade** quando a qualidade expressa pelo adjetivo aparece com a mesma intensidade nos elementos comparados.

O comparativo de igualdade apresenta-se, geralmente, da seguinte forma:

tão + **adjetivo** + **quanto** ou **como**

Exemplo:

A laranja é **tão** saborosa **quanto** a maçã.

Antonio Guillem/Shutterstock.com

É **comparativo de superioridade** quando a qualidade expressa pelo adjetivo aparece mais intensificada no primeiro elemento da comparação.

O comparativo de superioridade apresenta-se, geralmente, da seguinte forma:

mais + **adjetivo** + **que** ou **do que**

Exemplo:

Lithiumphoto/Shutterstock.com

Marcelo é **mais** velho **que** (**do que**) Aline.

É **comparativo de inferioridade** quando a qualidade expressa pelo adjetivo aparece menos intensificada no primeiro elemento da comparação.

O comparativo de inferioridade apresenta-se, geralmente, da seguinte forma:

menos + **adjetivo** + **que** ou **do que**

Exemplo:

drOzzAn/Shutterstock.com

Este animal é **menos** colorido **que** (**do que**) aquele.

Os adjetivos **bom**, **mau**, **grande** e **pequeno** apresentam uma forma própria para indicar o comparativo de superioridade:

bom → melhor   grande → maior
mau → pior   pequeno → menor

Grau superlativo

O **grau superlativo** indica a maior ou menor intensidade de uma qualidade indicada por um adjetivo.

O grau superlativo pode ser **relativo** ou **absoluto**.

O grau é superlativo relativo quando a qualidade expressa pelo adjetivo é posta em relação a outros elementos.

O superlativo relativo pode ser de **superioridade** ou de **inferioridade**.

Exemplos:

supparsorn/iStockphoto.com

Melissa é **a mais** habilidosa do time (**superioridade**).
Melissa é **a menos** habilidosa do time (**inferioridade**).

O **superlativo absoluto** pode ser:

- **analítico**: quando é modificado por um advérbio.
  Exemplo:

A manga está **muito** doce.

- **sintético**: quando acrescentamos sufixos ao adjetivo, como: **-érrimo**, **-ílimo**, **-íssimo**.
  Exemplos:

BasPhoto/Shutterstock.com

Este problema está **dificílimo**.
O leão é **ferocíssimo**.

Conheça alguns superlativos absolutos sintéticos.

agradável → agradabilíssimo
alto → altíssimo
amargo → amarguíssimo, amaríssimo
amável → amabilíssimo
amigo → amicíssimo
antigo → antiquíssimo
áspero → aspérrimo
célebre → celebérrimo
comum → comuníssimo
confortável → confortabilíssimo
doce → docíssimo, dulcíssimo
feliz → felicíssimo
fiel → fidelíssimo
frágil → fragílimo
gentil → gentilíssimo
humilde → humildíssimo, humílimo
infeliz → infelicíssimo
inimigo → inimicíssimo
inteligente → inteligentíssimo
mau → péssimo
notável → notabilíssimo
popular → popularíssimo
ruim → péssimo
sábio → sapientíssimo
sensível → sensibilíssimo
simples → simplicíssimo
terrível → terribilíssimo
veloz → velocíssimo

ATIVIDADES

1. Observe as imagens e elabore frases flexionando o adjetivo no grau indicado. Observe o modelo.

> **Alto** – grau comparativo de superioridade.
> O prédio é mais **alto** que a casa.

a) **Sujo** – grau comparativo de igualdade.

GoodFocused/Shutterstock.com

____

____

b) **Veloz** – grau comparativo de inferioridade.

JayLazarin/iStockphoto.com

____

____

c) **Delicada** – grau comparativo de superioridade.

Sieboldianus/iStockphoto.com

____

____

d) **Coloridos** – grau superlativo de igualdade.

Vitali Michkou/Shutterstock.com

____

____

2. Faça como o modelo.

> Relógio muito antigo → Relógio antiquíssimo

a) Chão muito áspero.

____

b) Abacaxi azedo.

____

c) Final muito feliz.

____

d) Cão muito fiel.

____

e) Homem muito prudente.

____

f) Menina muito inteligente.

____

3. Reescreva as frases empregando os adjetivos em grau superlativo absoluto analítico. Para isso, use os advérbios do quadro.

muito	extremamente	bastante

a) Carina fez uma viagem agradabilíssima.

____

b) Minha avó acorda cedíssimo para fazer o café.

____

c) A esperança está vivíssima.

____

4. Complete as frases com o comparativo de superioridade dos adjetivos entre parênteses.

a) O sofá novo é ____________________ que o antigo. (mau)

b) A borracha da Beatriz é ____________________ que a de Antônio. (bom)

c) O elefante é ____________________ que o hipopótamo. (grande)

d) O melão é ____________________ que a melancia. (pequeno)

5. Associe as frases ao grau em que os adjetivos estão empregados em cada uma delas.

a) Laura é tão estudiosa quanto Felipe.
b) Fernanda é a mais alta da turma.
c) Era um rapaz lindíssimo.
d) Luís é mais dorminhoco que Natália.
e) Ele é incrivelmente agitado.
f) O coelho é menos rápido do que o falcão.

☐ Superlativo absoluto analítico.
☐ Comparativo de superioridade.
☐ Superlativo relativo de superioridade.
☐ Comparativo de inferioridade.
☐ Comparativo de igualdade.
☐ Superlativo absoluto sintético.

6. Escreva uma frase com cada adjetivo do quadro.

grandíssimo	tão engraçado(a) quanto	muito feliz	mais novo(a) que

____

____

____

____

7. A seguir, você vai ler um trecho do conto de fadas "Branca de Neve".

Um dia, a rainha de um reino bem distante bordava perto da janela do castelo, uma grande janela com batentes de ébano, uma madeira escuríssima. Era inverno e nevava muito forte. A certa altura, a rainha desviou o olhar para admirar os flocos de neve que dançavam no ar; mas com isso se distraiu e furou o dedo com a agulha.

Na neve que tinha caído no beiral da janela pingaram três gotinhas de sangue. O contraste foi tão lindo que a rainha murmurou:

— Pudesse eu ter uma menina branquinha como a neve, corada como sangue e com os cabelos negros como o ébano...

Alguns meses depois, o desejo da rainha foi atendido. Ela deu à luz uma menina de cabelos bem pretos, pele branca e face rosada. O nome dado à princesinha foi Branca de Neve.

Claudia Marianno

Mas quando nasceu a menina, a rainha morreu. Passado um ano, o rei se casou novamente. Sua esposa era lindíssima, mas muito vaidosa, invejosa e cruel. Um certo feiticeiro lhe dera um espelho mágico, ao qual todos os dias ela perguntava, com vaidade:

— Espelho, espelho meu, diga-me se há no mundo mulher mais bela do que eu.

E o espelho respondia:

— Em todo o mundo, minha querida rainha, não existe beleza maior.

[...]

BRASIL. Ministério da Educação. *Alfabetização*: livro do aluno - Contos tradicionais, fábulas, lendas e mitos. Brasília, DF: MEC, 2000. v. 2, p. 19-20. Disponível em: http://www.dominiopublico.gov.br/download/texto/me001614.pdf. Acesso em: 29 jun. 2022.

a) Quando e onde se passou a história?

____

____

b) Quais são os personagens que aparecem no trecho lido?

____

c) Releia o trecho abaixo.

Um certo feiticeiro lhe dera um espelho mágico [...]

- Quais eram os poderes do espelho mágico?

____

____

d) Releia o trecho a seguir.

> – Espelho, espelho meu, diga-me se há no mundo mulher **mais bela do que eu**.

- Em que grau está o adjetivo do trecho em destaque?

____

- Escreva o superlativo absoluto sintético de **bela**.

____

e) Localize no texto e copie abaixo dois superlativos absolutos sintéticos.

____

8. Preencha o diagrama com os adjetivos do quadro abaixo no grau absoluto sintético.

1. amável
2. engraçado
3. importante
4. contente
5. amigo
6. colorido

4

2

5

3

1

6

Hífen

O **hífen (-)** é usado para:

- unir dois ou mais vocábulos e formar novas palavras.

Exemplos: guarda-sol, mico-leão-dourado, para-brisa.

- ligar os pronomes aos verbos.

Exemplos: ajude-me, falou-lhe.

- separar as sílabas de uma palavra.

Exemplos: ca-qui, es-cre-ver, pra-te-lei-ra.

1. Leia o poema a seguir.

Beija-flor

Beija-flor pequenininho
que beija a flor com carinho
me dá um pouco de amor,
que hoje estou tão sozinho...
Beija-flor pequenininho,
é certo que não sou flor,
mas eu quero um beijinho
que hoje estou tão sozinho...

Roseana Murray. *No mundo da lua*. São Paulo: Paulus, 2011.

a) Quantas estrofes e versos tem o poema?

____

b) Copie as palavras que rimam no poema.

____

____

c) Nesse poema, a quem o eu lírico se dirige? Transcreva um verso do poema para comprovar sua resposta.

____

____

d) Qual pedido o eu lírico faz ao seu interlocutor? Justifique sua resposta com versos do poema.

____

____

____

e) Identifique no poema e copie abaixo a palavra com hífen.

____

f) No caso dessa palavra, qual é a função do hífen?

____

2. Forme palavras com os termos de cada quadro, colocando o hífen onde necessário. Depois, forme uma frase com cada palavra formada.

a) Africa Studio/Shutterstock.com

guarda + roupa

____

____

b) encierro/Shutterstock.com

couve + flor

____

____

c) goffkein.pro/Shutterstock.com

micro + ondas

____

____

d) Animalgraphy/Shutterstock.com

urso + de + óculos

____

____

CAPÍTULO 18

Numeral

Leia o texto a seguir, observando as palavras em destaque.

A galinha do vizinho
Bota ovo amarelinho
Bota **um**, bota **dois**,
Bota **três**, bota **quatro**,
Bota **cinco**, bota **seis**,
Bota **sete**, bota **oito**,
Bota **nove**, bota **dez**.

Bruna Ishihara

BRASIL. Ministério da Educação. *Adivinhas, canções, cantigas de roda, parlendas, poemas, quadrinhas e trava-línguas* – Livro do aluno. Brasília, DF: MEC, 2000. v. 1, p. 31. Disponível em: www.dominiopublico.gov.br/download/texto/me000588.pdf. Acesso em: 27 maio 2022.

As palavras em destaque indicam quantidades. Essas palavras são **numerais**.

Numeral é a palavra que indica a quantidade de seres ou a ordem e posição de um ser em uma série.

Os numerais classificam-se em **cardinais**, **ordinais**, **fracionários** e **multiplicativos**.

Numerais cardinais

Numerais cardinais são os que indicam a quantidade dos seres.

Exemplos:

Comprei **cinco** canetas.
Há **vinte** pessoas na sala.

Numerais cardinais									
1	um	10	dez	40	quarenta	400	quatrocentos
2	dois	11	onze	50	cinquenta	500	quinhentos
3	três	12	doze	60	sessenta	600	seiscentos
4	quatro	13	treze	70	setenta	700	setecentos
5	cinco	14	quatorze	80	oitenta	800	oitocentos
6	seis	15	quinze	90	noventa	900	novecentos
7	sete	16	dezesseis	100	cem	1 000	mil
8	oito	20	vinte	200	duzentos	1 000 000	um milhão
9	nove	30	trinta	300	trezentos	1 000 000 000	um bilhão

Numerais ordinais

Numerais ordinais são os que indicam a ordem ou posição dos seres em uma série.

Exemplos:

Serei o **primeiro** a entrar.

Terminou em **terceiro** lugar.

Buda Mendes/Getty Images

Numerais ordinais							
1º	primeiro	10º	décimo	40º	quadragésimo	400º	quadringentésimo
2º	segundo	11º	décimo primeiro	50º	quinquagésimo	500º	quingentésimo
3º	terceiro	12º	décimo segundo	60º	sexagésimo	600º	sexcentésimo
4º	quarto	13º	décimo terceiro	70º	septuagésimo	700º	setingentésimo
5º	quinto	14º	décimo quarto	80º	octogésimo	800º	octingentésimo
6º	sexto	15º	décimo quinto	90º	nonagésimo	900º	nongentésimo
7º	sétimo	16º	décimo sexto	100º	centésimo	1 000º	milésimo
8º	oitavo	20º	vigésimo	200º	ducentésimo	1 000 000º	milionésimo
9º	nono	30º	trigésimo	300º	tricentésimo	1 000 000 000º	bilionésimo

Numerais fracionários

Numerais fracionários são os que indicam uma divisão, uma fração.

Exemplos:

Comi **um quarto** da *pizza*.
Farei **metade** das tarefas hoje.

Numerais fracionários		
metade ou um meio	um oitavo	um vinte avos
um terço	um nono	um centésimo
um quarto	um décimo	um cento e um avos
um quinto	um treze avos	um milésimo
um sexto	um quatorze avos	um milionésimo
um sétimo	um quinze avos	um bilionésimo

Numerais multiplicativos

Numerais multiplicativos são os que indicam uma quantidade multiplicada.

Exemplos:

Ganhamos o **triplo** do que esperávamos.
Pedro tem o **dobro** da idade de Rafaela.

Numerais multiplicativos			
2	duplo ou dobro	8	óctuplo
3	triplo	9	nônuplo
4	quádruplo	10	décuplo
5	quíntuplo	11	undécuplo
6	sêxtuplo	12	duodécuplo
7	sétuplo	100	cêntuplo

Emprego dos numerais cardinais e ordinais

Na indicação de reis e rainhas, papas, séculos ou partes de uma obra, usam-se os numerais ordinais até o décimo. Daí em diante, devem-se empregar os cardinais.

Exemplos:

Século **III** (**terceiro**) Rainha Elizabeth **II** (**segunda**) Papa João Paulo **II** (**segundo**) Capítulo **IV** (**quarto**)
Século **XXI** (**vinte e um**) Rei Henrique **XIV** (**quatorze**) Papa João **XXIII** (**vinte e três**) Capítulo **XI** (**onze**)

Se o numeral anteceder o substantivo, será obrigatório o uso do ordinal.

Exemplos:

segundo capítulo   **vigésimo primeiro** século

O numeral antes do substantivo deve ser lido como ordinal, concordando com o substantivo a que se refere.

Exemplos:

III Jogos Olímpicos (**terceiros**)   **V** Festival de Música (**quinto**)

ATIVIDADES

1. Escreva por extenso o numeral ordinal correspondente a cada numeral cardinal.

a) três ______

b) cinco ______

c) dez ______

d) cinquenta ______

e) sessenta ______

f) oitenta ______

g) cem ______

h) mil ______

2. Escreva por extenso os numerais ordinais.

a) 19º ______

b) 22º ______

c) 37º ______

d) 45º ______

e) 78º ______

f) 106º ______

3. Classifique os numerais em destaque nas frases.

a) Ricardo fará **onze** anos amanhã.

☐ cardinal ☐ ordinal ☐ fracionário ☐ multiplicativo

b) Sou o **décimo** da fila.

☐ cardinal ☐ ordinal ☐ fracionário ☐ multiplicativo

c) Hoje a classe tem o **dobro** de pessoas.

☐ cardinal ☐ ordinal ☐ fracionário ☐ multiplicativo

d) **Dois terços** das pessoas foram ao passeio.

☐ cardinal ☐ ordinal ☐ fracionário ☐ multiplicativo

e) Encomendei **cem** salgados para a festa.

☐ cardinal ☐ ordinal ☐ fracionário ☐ multiplicativo

4. Leia a notícia a seguir.

PELA PRIMEIRA VEZ, CIENTISTAS PLANTAM MUDAS EM SOLO LUNAR

O solo utilizado foi extraído da Lua durante missão espacial

Pesquisadores da Universidade da Flórida, nos Estados Unidos, conseguiram fazer com que plantas crescessem em uma amostra de solo extraído da Lua. A descoberta foi divulgada na revista científica *Nature*, em 12 de maio [...].

Tyler Jones, UF/IFAS

Plantas cultivadas nas cinzas vulcânicas (esquerda) e as cultivadas no solo lunar (direita).

As mudas ficaram menores e cresceram mais vagarosamente do que as que foram plantadas em solo terrestre. De acordo com a pesquisa, [...] as mudas também demonstraram estresse severo, o que pode ter relação com o solo em que foram plantadas. Apesar disso, o teste foi importante para demonstrar, na prática, que as substâncias presentes no solo da Lua não impossibilitam seu cultivo.

O experimento buscou entender como a Lua influencia o crescimento de diferentes plantas e explorar a possibilidade de humanos viverem em outros planetas no futuro, já que o cultivo de vegetais é essencial para a sobrevivência da nossa espécie.

As amostras de solo lunar utilizadas no estudo já haviam sido trazidas para a Terra há anos. Elas foram retiradas da Lua durante as missões Apollo 11, Apollo 12 e Apollo 17, que acontecerem em 1969, 1969 e 1972, respectivamente. [...]

PELA primeira vez [...]. *Joca*, São Paulo, 25 maio 2022. Disponível em: https://www.jornaljoca.com.br/pela-primeira-vez-cientistas-plantam-mudas-em-solo-lunar/?refresh=true. Acesso em: 17 jun. 2022.

a) Qual é o assunto da notícia?

___

___

b) Qual foi o objetivo do experimento citado na notícia?

___

___

c) Busque na notícia e escreva por extenso um numeral ordinal e três numerais cardinais.

___

Palavras com x representando o som de s ou z

1. Complete as frases com as palavras em que o **x** representa o som de **z** do quadro abaixo. Para escolher, observe o contexto de cada uma delas.

exercitar	exagero	executou	exausto

a) Paulo terminou ______________ as atividades físicas.

b) Vamos ______________ a mente com estas contas.

c) Kátia ______________ suas tarefas com muita dedicação.

d) Cometi um ______________ ao achar que faltava sal na comida.

2. Junte as sílabas para formar palavras em que o **x** representa o som de **s** e, depois, escreva-as.

a) au | xí | li | o ______________

b) a | pro | xi | ma | ção ______________

c) ex | pec | ta | ti | va ______________

d) ex | ter | no ______________

e) ex | pres | si | vo ______________

3. Separe as sílabas das palavras em que o **x** representa o som de **s** ou **z**.

a) têxtil ______________

b) explicação ______________

c) exótico ______________

d) exemplar ______________

e) exército ______________

f) expansão ______________

g) extremo ______________

h) exato ______________

4. Escolha duas palavras das atividades 2 e 3 e forme uma frase com cada uma delas.

____

____

____

____

5. Leia a tirinha a seguir.

Mauricio de Sousa. [Tirinha com Zé Lelé]. São Paulo, 13 maio 2018. Twitter: @mauriciodesousa. Disponível em: https://twitter.com/mauriciodesousa/status/995825743467859968/photo/1. Acesso em: 20 jun. 2022.

a) Releia a fala da professora no primeiro quadrinho e observe a sua postura corporal e sua expressão facial. O que ela está sentindo em relação ao trabalho apresentado por Zé Lelé?

____

- Qual foi a reação de Zé Lelé? Justifique sua resposta.

____

____

b) Qual foi a causa da irritação da professora?

____

____

____

c) Qual foi o argumento utilizado por Zé Lelé para justificar o envio do poema do ano anterior?

____

____

d) A resposta de Zé Lelé no terceiro quadrinho era a esperada pela professora?

____

- Que elementos da expressão facial da professora podem comprovar isso?

____

____

e) Na palavra **trouxe**, presente na tira humorística, a letra **x** representa o som de **s**. Sublinhe no quadro as palavras em que a letra **x** também representa esse som.

próximo	exposição	exibido	experimentar	exato	pretexto
existir	expressão	execução	exclamar	exaustivo	máximo

CAPÍTULO 19

GRAMÁTICA

Pronomes: tipos e classificação

Leia as frases.

Miguel é um ótimo nadador.
Ele treina todos os dias.

wavebreakmedia/Shutterstock.com

Martina e **Luan** jogam juntos.
Eles se divertem muito.

Sergey Novikov/Shutterstock.com

A palavra **Miguel** é um substantivo. A palavra **ele** refere-se ao nome Miguel.
As palavras **Martina** e **Luan** são substantivos. A palavra **eles** refere-se aos nomes Martina e Luan.
Ele e **eles** são **pronomes pessoais**.

> **Pronome** é a palavra variável em gênero, número e pessoa que representa, substitui ou acompanha o substantivo.

Os pronomes classificam-se em:

- pessoais;
- possessivos;
- demonstrativos;
- relativos;
- indefinidos;
- interrogativos.

Pronomes pessoais dos casos reto e oblíquo

São aqueles que substituem pessoas ou coisas nas frases. Os pronomes pessoais podem se referir a três pessoas do discurso:

1ª pessoa → quem fala
2ª pessoa → com quem se fala
3ª pessoa → de que ou de quem se fala

Pronomes pessoais		
Pessoa do discurso	**Caso reto**	**Caso oblíquo**
1ª pessoa do singular	eu	me, mim, comigo
2ª pessoa do singular	tu	te, ti, contigo
3ª pessoa do singular	ele/ela	o, a, lhe, se, si, consigo
1ª pessoa do plural	nós	nos, conosco
2ª pessoa do plural	vós	vos, convosco
3ª pessoa do plural	eles/elas	os, as, lhes, se, si, consigo

Os pronomes pessoais do **caso reto** desempenham, geralmente, função de **sujeito** da oração.

Exemplos:

Eu tive uma ideia.
Nós chegamos no horário.

Os pronomes pessoais do **caso oblíquo**, geralmente, desempenham a função de **complemento do verbo**.

Exemplos:

Você pode ir à feira **conosco**?
Ele telefonou para **mim**.

Pronomes pessoais de tratamento

Nos pronomes pessoais estão incluídos também os **pronomes pessoais de tratamento**, que são usados na comunicação mais cortês e formal, com exceção do pronome **você**.

Conheça alguns desses pronomes, suas abreviaturas e a quem se referem.

Pronome de tratamento	Abreviatura singular	Emprego
Você	–	Pessoas próximas
Senhor	Sr.	Tratamento formal para pessoas em geral
Senhora	Sr.ª	
Senhorita	Srta.	

Veja mais alguns exemplos de pronomes de tratamento.

Pronome de tratamento	Abreviatura singular	Emprego
Vossa Excelência	V. Ex.ª	Presidente da República, ministros e outras pessoas de alta categoria
Vossa Senhoria	V. S.ª	Autoridades menores e pessoas de respeito
Vossa Alteza	V. A.	Príncipes e duques
Vossa Majestade	V. M.	Reis e imperadores
Vossa Santidade	V. S.	Papa
Vossa Eminência	V. Em.ª	Cardeais

ATIVIDADES

1. Leia a tirinha, observe o emprego dos pronomes e preencha a tabela conforme o modelo.

Bill Watterson. [Tirinha com Calvin & Hobbes]. [*S. l.*: *s. n.*], [20--]. Disponível em: https://s3-sa-east-1.amazonaws.com/figuras.tecconcursos.com.br/faa89c70-5672-471a-b92a-a87a1bd32b82. Acesso em: 20 jun. 2022.

Pronome	Classificação	A quem se refere
ela	pessoal do caso reto	mãe de Calvin
eu		
você		
ela		
mim		

2. Troque o substantivo destacado pelo pronome pessoal do caso oblíquo correspondente. Veja o modelo.

Vou trocar **a bateria**.
Vou trocá-**la**.

a) Vou estender **as roupas** no varal.

____

b) Vou devolver **o jogo** para meu amigo.

____

c) Preciso secar **os pratos**.

____

d) Vinícius convidou **a irmã** para almoçar.

____

e) Renata jogou **as revistas** fora.

____

3. Complete as frases com os pronomes pessoais do caso oblíquo adequados, conforme a indicação entre parênteses.

a) Ali ninguém ____________ conhecia. (3ª pessoa do plural)

b) Eu ____________ explico a história toda. (2ª pessoa do singular)

c) Ele guardou todos os doces para ____________. (3ª pessoa do singular)

d) Você pode fazer um favor para ____________? (1ª pessoa do singular)

e) Lara e Tiago ____________ contaram como eles se conheceram. (1ª pessoa do plural)

4. Reescreva as frases substituindo as palavras em destaque por pronomes pessoais do caso reto ou oblíquo. Faça como o modelo.

Os meninos levaram o presente e guardaram **o presente**.
Eles levaram o presente e guardaram-**no**.

a) **Os piratas** desenterraram o tesouro e levaram **o tesouro**.

____

b) **Marisa e Henrique** encontraram a gata e adotaram **a gata**.

____

c) **Os alunos** viram a professora e chamaram **a professora**.

____

ATENÇÃO

O pronome pessoal do caso reto **eu** pratica a ação verbal e vem sempre antes do verbo na oração.

O pronome pessoal do caso oblíquo **mim** recebe a ação verbal e vem sempre após o verbo na oração.

Exemplos: Quer que **eu** compre o pastel?

Ele comprará o pastel para **mim**.

5. Use corretamente os pronomes **eu** ou **mim** para completar as frases.

a) Hoje há várias tarefas para ____________________ fazer.

b) Não há problemas entre ____________________ e Saulo.

c) Preciso relaxar para ____________________ ter alguma ideia.

d) Não parta sem ____________________ deste passeio.

6. Corrija as frases substituindo os pronomes pessoais do caso reto em destaque por pronomes pessoais do caso oblíquo.

a) Derrubei **ele** sem querer.

____

b) Você vai ter que viajar sem **eu**.

____

c) Ajudaram **eu** com o que comprei na feira.

____

d) Trouxeram **elas** para casa após o aniversário.

____

7. Substitua as expressões destacadas pelos pronomes pessoais do caso oblíquo **lhe** ou **lhes**.

a) Dediquei **a ele** um poema.

____

b) Pedi **a minha mãe** ajuda com a tarefa de casa.

____

c) Enviei **a meus avós** um presente.

____

d) Joguei **para eles** a bola.

____

GRAMÁTICA

Pronomes possessivos

Observe a imagem a seguir e, depois, leia a frase.

SpeedKingz/Shutterstock.com

Minha camiseta é lisa e a **sua** é listrada.

As palavras **minha** e **sua** são **pronomes possessivos**.

Pronomes possessivos são aqueles que indicam a ideia de posse.

São eles:

Singular
- 1ª pessoa → meu, minha, meus, minhas
- 2ª pessoa → teu, tua, teus, tuas
- 3ª pessoa → seu, sua, seus, suas

Plural
- 1ª pessoa → nosso, nossa, nossos, nossas
- 2ª pessoa → vosso, vossa, vossos, vossas
- 3ª pessoa → seu, sua, seus, suas

O pronome possessivo concorda em **número** e **gênero** com a coisa possuída.

Veja outros exemplos:

Nosso fim de semana será divertido.
Suas canetas são coloridas.
Teu caderno tem quantas folhas?

Pronomes demonstrativos

Observe a imagem e, depois, leia a frase.

wavebreakmedia/Shutterstock.com

Ganhei **este** sofá de presente da minha mãe.

A palavra **este** é um **pronome demonstrativo**.

> **Pronomes demonstrativos** são aqueles que indicam a posição de um ser qualquer em relação a outro ser.

Os pronomes demonstrativos são:

este(s), esse(s), aquele(s)
esta(s), essa(s), aquela(s)
isto, isso, aquilo

Geralmente, empregam-se:

- **este(s)**, **esta(s)**, **isto** para algo ou alguém próximo da pessoa que fala;
- **esse(s)**, **essa(s)**, **isso** para algo ou alguém próximo da pessoa com quem se fala ou para algo pouco distante;
- **aquele(s)**, **aquela(s)**, **aquilo** para algo ou alguém próximo da pessoa de quem se fala ou para algo muito distante.

Se o pronome demonstrativo se referir a um ser no tempo, podemos empregá-lo assim:

- no presente: este(s), esta(s), isto;
- no passado ou futuro pouco distante: esse(s), essa(s), isso;
- no passado ou futuro muito distante: aquele(s), aquela(s), aquilo.

Os pronomes demonstrativos também podem se referir a elementos do próprio texto. Observe:

Natan e Carla saíram; esta foi à escola, aquele, ao mercado.

Pronomes relativos

Observe esta imagem e, depois, leia a frase.

Al More/Shutterstock.com

As flores **que** eu colhi são lindas!

A palavra **que** é um **pronome relativo**.

O pronome **que** está se referindo à palavra **flores**.

Pronomes relativos são aqueles que se referem a um nome que o antecede diretamente.

São pronomes relativos:

o qual, os quais, a qual, as quais	quanto, quantos, quantas
cujo, cujos, cuja, cujas	que, quem, onde

Pronomes indefinidos

Observe a imagem e, depois, leia a frase.

antoniodiaz/Shutterstock.com

Gostaria de **algum** sabor de *pizza* sem cebola.

A palavra **algum** é um **pronome indefinido**.

Pronomes indefinidos são aqueles que se referem a algo de modo vago, indeterminado, impreciso.

São **pronomes indefinidos**:

algum, alguma, alguns, algumas	quanto, quanta, quantos, quantas	nenhum, nenhuma, vários, várias
alguém, ninguém	tanto, tanta, tantos, tantas	pouco, pouca, poucos, poucas
muito, muita, muitos, muitas	certo, certa, certos, certas,	qualquer, quaisquer
outro, outra, outros, outras	nada, cada, outrem, algo	todo, toda, todos, todas

Pronomes interrogativos

Observe a imagem e, depois, leia a frase.

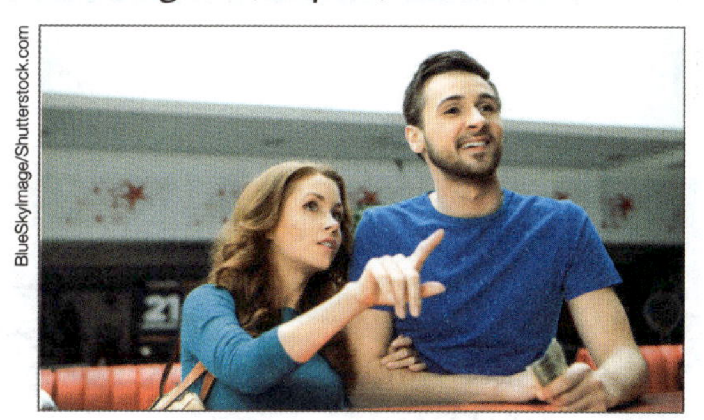

BlueSkyImage/Shutterstock.com

Qual filme escolheremos para assistir?

A palavra **qual** é um **pronome interrogativo**.

> **Pronome interrogativo** é aquele usado nas orações interrogativas carregando a informação sobre a qual se quer saber.

São pronomes interrogativos:

quem, como, onde
quanto(s), quanta(s)
que, qual, quais

ATIVIDADES

1. Leia o texto abaixo.

> Há muito tempo, existia um país **que** tinha a forma de um triângulo.
> No alto do triângulo viviam **poucas** pessoas.
> Meninos e meninas **que** moravam em prédios muito altos, tão altos que pareciam alcançar o céu.
> **Essas** crianças comiam coisas muito gostosas: chocolates, frutas, leite, pipoca e outras guloseimas. [...] Tinham **muitos** brinquedos: bicicletas, bonecas, quebra-cabeças, robôs...
> Na base do triângulo moravam muitas, muitas e **muitas** crianças.
> Meninos e meninas **que** não tinham bicicleta, brinquedos, chocolates [...].

Naava Bassi. *As brincotecas*. São Paulo: Editora do Brasil, 2010. p. 2-5.

- Classifique os pronomes de acordo com a cor em que aparecem no texto.

 ______________________________

 ______________________________

 ______________________________

2. Leia o texto a seguir.

LAGARTO ESQUENTADINHO

Jose Carvallido/Shutterstock.com

Lagarto teiú-gigante.

A expressão popular "lagartear ao sol" não surgiu por acaso: é verdade que os lagartos passam boa parte do tempo expostos à luz solar para aquecer o corpo. Os biólogos já sabiam disso e caracterizam esses animais como ectotérmicos, isto é, que dependem de uma fonte externa de calor – o Sol – para aquecer o corpo. Mas, num estudo com teiús-gigantes (*Salvator merianae*), os especialistas tiveram uma surpresa: esses répteis são, sim, capazes de aumentar sua temperatura corporal sozinhos.

A descoberta foi feita durante um estudo que demorou um ano. Os lagartos foram monitorados durante todo esse tempo, e sua temperatura era mais alta durante o dia – quando tomavam sol – e mais baixa durante a noite, quando se escondiam em suas tocas. Porém, no período reprodutivo, os cientistas notaram que o corpo dos teiús não esfriava tanto de madrugada.

[...]

Com essa pulga atrás da orelha, a equipe realizou experimentos para desvendar o mistério. Onze lagartos foram mantidos por algumas semanas em uma câmara térmica fria (a 18 °C). O esperado, nessa situação, seria que a temperatura corporal dos teiús baixasse até se igualar à temperatura ambiente. Não foi o que aconteceu: ficou comprovado que eles são capazes de manter a temperatura corporal às custas da produção interna de calor.

Os cientistas ainda não sabem explicar exatamente como esses lagartos produzem calor. Mas a atividade parece estar ligada à energia extra que eles gastam no período reprodutivo, em atividades como procurar parceiros, botar ovos e preparar ninhos. Uma das razões para acreditarem nisso é que o aumento da temperatura é ligeiramente maior nas fêmeas, que se dedicam mais a essas atividades.

Esta foi a primeira vez que a ciência observou produção interna de calor em animais ectotérmicos. A descoberta pode dar pistas sobre como essa característica evoluiu em outros grupos animais, como aves e mamíferos. [...]

LAGARTO esquentadinho. *Ciência Hoje das Crianças*, Rio de Janeiro, 4 fev. 2016. Disponível em: http://chc.org.br/lagarto-esquentadinho/. Acesso em: 20 jun. 2022.

a) Sublinhe os pronomes do texto.

b) Releia o trecho abaixo.

> A descoberta foi feita durante um estudo **que** demorou um ano. Os lagartos foram monitorados durante **todo esse** tempo, e **sua** temperatura era mais alta durante o dia - quando tomavam sol - e mais baixa durante a noite, quando se escondiam em **suas** tocas.

- Classifique os pronomes destacados.

___

___

c) Observe os termos destacados no trecho a seguir.

> Onze lagartos foram mantidos por **algumas** semanas em uma câmara térmica fria (a 18 °C). O esperado, nessa situação, seria que a temperatura corporal dos teiús baixasse até se igualar à temperatura ambiente. Não foi o que aconteceu: ficou comprovado que **eles** são capazes de manter a temperatura corporal às custas da produção interna de calor.

- Classifique o pronome **algumas**.

___

- A que se refere a palavra **eles**?

___

d) Observe as palavras destacadas no trecho abaixo.

> **Esta** foi a primeira vez **que** a ciência observou produção interna de calor em animais ectotérmicos. A descoberta pode dar pistas sobre como **essa** característica evoluiu em **outros** grupos animais, como aves e mamíferos.

- Classifique os pronomes destacados.

___

___

___

- A que se refere o pronome **essa**?

___

- A que se refere o pronome **outros**?

___

Palavras terminadas em -isar ou -izar

Palavras primitivas escritas com **is** têm o verbo respectivo escrito com **-isar**.
Palavras primitivas que não são escritas com **is** têm o verbo respectivo escrito com **-izar**.

1. Escreva o verbo correspondente das palavras do quadro. Siga o modelo.

-isar		-izar	
análise	analisar	racional	racionalizar
aviso		canal	
liso		final	
pesquisa		real	
reprise		mental	
improviso		humano	

2. Complete as palavras com **s** ou **z**.

a) utili________ar
b) revi________ar
c) moderni________ar
d) pi________ar
e) normali________ar
f) agili________ar
g) parali________ar
h) preci________ar
i) parabeni________ar
j) ameni________ar

3. Escolha três palavras das atividades 1 e 2 e forme uma frase com cada uma delas.

____

____

____

____

____

A **resenha crítica** apresenta informações importantes sobre uma obra, como o resumo da história, dados técnicos e curiosidades.

Diferente da sinopse, que contém apenas um resumo da história, a **resenha crítica** apresenta a opinião do autor acerca da obra.

4. Leia o texto a seguir, que apresenta a opinião de uma pessoa sobre o livro *Aqui estamos nós*.

AQUI ESTAMOS NÓS

Onde fica a sua casa? Tem gente que mora no Brasil, tem gente que mora na China. Tem gente que mora no mato, tem gente que mora bem no meio de uma barulhenta metrópole. Seja como for, todos nós partilhamos uma grande casa chamada Terra.

Em *Aqui estamos nós*, Oliver Jeffers nos convida a refletir sobre o imenso planeta que nos acolhe e, principalmente, sobre a vida que levamos nele.

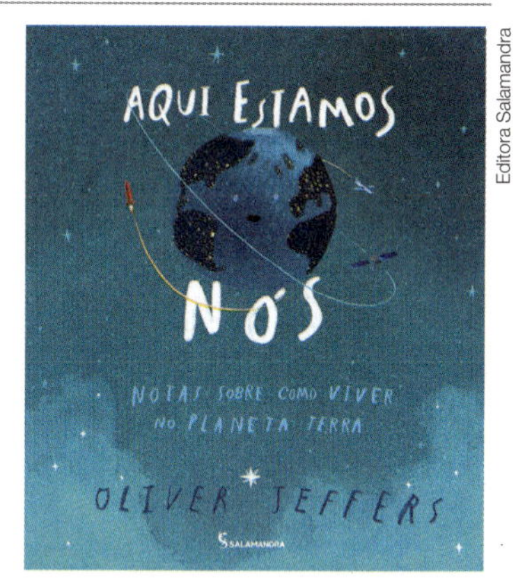

Editora Salamandra

Capa do livro *Aqui estamos nós*, de Oliver Jeffers (Salamandra, 2018).

Assumindo a voz de um pai que está conversando com seu filho recém-nascido, situação real que inspirou a escrita do livro, o autor gentilmente nos apresenta o planeta sob diversos pontos de vista. Desde um grande globo a flutuar no espaço entre as estrelas até um lugar repleto de oceanos, montanhas, florestas e muita, mas muita gente!

Aqui estamos NÓS!

Seres humanos de carne e osso, vivemos na Terra há milhares de anos. Mas, para que essa existência perdure, há alguns cuidados que devemos tomar, como nos alimentar, dormir, cuidar da natureza e dos animais. Assim, com pequenos conselhos que valorizam a vida, o carinhoso pai repassa ao filho singelas e divertidas lições de sobrevivência na Terra.

As ilustrações do livro, também assinadas por Oliver Jeffers, colaboram muito para a condução de todas essas explicações. **Coloridas e graciosas, elas ajudam o pequeno leitor a visualizar as diferentes perspectivas do planeta, que ora é representado na imensidão do espaço sideral, ora na imaginação de um recém-nascido curioso.**

E, dentre tantas importantes reflexões, uma delas com certeza ficará mais forte na mente do jovem leitor: não estamos sozinhos aqui. Como uma gota no oceano, somos apenas um entre os bilhões de seres vivos que vivem sobre a Terra. Assim, fica fácil compreender por que partilhar, tolerar e respeitar são verbos fundamentais para o nosso manual de sobrevivência!

Vamos lá, a Terra está girando e a vida bate à porta!

Clara de Cápua. *Aqui estamos nós* [de Oliver Jeffers]: projeto de leitura. São Paulo: Salamandra, 2018. p. 2.Disponível em: https://www.moderna.com.br/lumis/portal/file/fileDownload.jsp?fileId=8A808A8263C889180163CBFFF37F6A35#. Acesso em: 14 jun. 2022.

a) Você costuma buscar informações antes de ler um livro ou assistir a um filme? Em sua opinião, o texto que você leu o ajudaria nessa escolha? Justifique sua resposta.

____

____

____

b) Observe novamente a capa do livro de que fala o texto.

Editora Salamandra

Capa do livro *Aqui estamos nós*, de Oliver Jeffers (Salamandra, 2018).

- Segundo o texto, qual é o assunto do livro *Aqui estamos nós*?

____

____

- Quem é o autor do livro?

____

c) Releia o trecho abaixo.

> **Assumindo a voz de um pai que está conversando com seu filho recém-nascido, situação real que inspirou a escrita do livro, o autor gentilmente nos apresenta o planeta sob diversos pontos de vista.**

- Identifique a palavra que revela a opinião do autor da resenha. Essa opinião é positiva ou negativa?

____

d) Releia o trecho em destaque no texto. A palavra **visualizar**, derivada de **visual**, é terminada em **-izar**. Complete as palavras a seguir e assinale as que também possuem essa terminação.

☐ ali_______ar	☐ profeti_______ar	☐ pesqui_______ar
☐ organi_______ar	☐ improvi_______ar	☐ sinali_______ar

CAPÍTULO 20

GRAMÁTICA

Verbos: tempos e modos da 1ª conjugação

Leia a tirinha abaixo.

Jean Galvão

Jean Galvão. [Sem título]. *Tirinhas Pedagógicas de Jean Galvão*, [*s. l.*], 2014. Disponível em: https://tiroletas.files.wordpress.com/2014/01/tira-ferias-escolares.jpg. Acesso em: 20 jun. 2022.

As palavras **estou**, **escrevendo**, **posso** e **ler** são **verbos**.

> **Verbo** é a palavra que indica ação, estado ou fenômeno da natureza na sentença.

O **verbo** flexiona-se em **pessoa**, **número**, **tempo** e **modo**.

São dois os **números** do verbo:

- singular – eu, tu, você, ele, ela;
- plural – nós, vós, vocês, eles, elas.

São três as **pessoas** do verbo:

1ª pessoa (aquela que fala)	eu, nós
2ª pessoa (aquela com quem se fala)	tu, vós, você, vocês
3ª pessoa (aquela de quem se fala)	ele, ela, eles, elas

São três os **tempos** do verbo: presente, futuro e pretérito ou passado.

O verbo está no **presente** quando indica uma ação atual ou que ocorre habitualmente.
Exemplo:

Daniel **arremessa** a bola.

GeorgeVieiraSilva/Shutterstock.com

O verbo está no **pretérito** ou **passado** quando indica uma ação ou um fato que já aconteceu.
Exemplo:

Kelly e seus primos **comeram** frutas no parque.

Bernardo Emanuelle/Shutterstock.com

O verbo está no **futuro** quando indica um fato que ainda vai ocorrer.
Exemplo:

Jean **repartirá** seus lápis de cor com sua irmã.

Dmytro Zinkevych/Shutterstock.com

Os **tempos verbais** são:

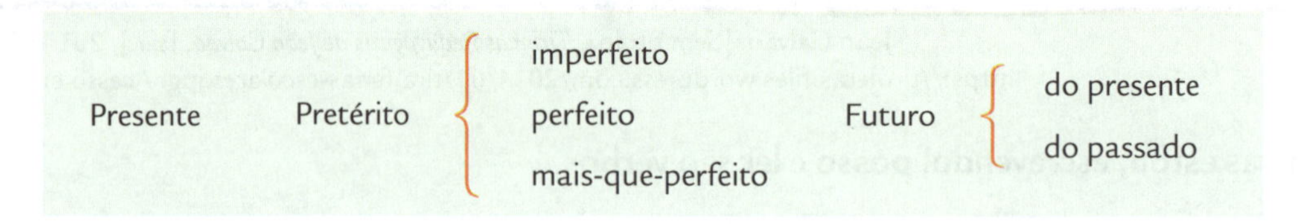

Presente

Pretérito { imperfeito, perfeito, mais-que-perfeito }

Futuro { do presente, do passado }

Os **modos verbais** são:

1. **Indicativo** – indica um fato real, uma certeza.
   Exemplo: César lê o gibi.
2. **Subjuntivo** – indica dúvida, incerteza, possibilidade.
   Exemplo: Se César lesse gibis, conheceria os super-heróis.
3. **Imperativo** – indica ordem, desejo, apelo.
   Exemplo: Bárbara, venha até aqui!

As **formas nominais** do verbo são: infinitivo, gerúndio e particípio.

O **infinitivo** pode ser pessoal ou impessoal.

Será **pessoal** se apresentar um sujeito; será **impessoal** se não se referir a nenhum sujeito.

São três as **conjugações** do verbo:

- 1ª conjugação → terminação em **-ar** → Exemplos: cant**ar**, fal**ar**.
- 2ª conjugação → terminação em **-er** → Exemplos: vend**er**, corr**er**.
- 3ª conjugação → terminação em **-ir** → Exemplos: part**ir**, ca**ir**.

Todo **verbo** é formado de **radical** e **vogal temática**.

Radical é a parte do verbo que serve como base do significado. Obtém-se o radical do verbo retirando-se as terminações **-ar**, **-er**, **-ir** do **infinitivo**.

Exemplos:

Infinitivo	**Radical**	**Terminação**
cantar	cant-	-ar
vender	vend-	-er
partir	part-	-ir

Vogal temática é a vogal que se junta ao radical e indica a que conjugação pertence o verbo:

- vogal temática **a** → 1ª conjugação (cant**a**r)
- vogal temática **e** → 2ª conjugação (vend**e**r)
- vogal temática **i** → 3ª conjugação (part**i**r)

Conjugar um verbo é flexioná-lo em todas as formas que apresenta.

Aprenda a conjugar os verbos da **1ª conjugação** (exemplo: **cantar**).

INDICATIVO		
Presente	**Pretérito perfeito**	**Pretérito imperfeito**
Eu cant**o**	Eu cant**ei**	Eu cant**ava**
Tu cant**as**	Tu cant**aste**	Tu cant**avas**
Ele / Ela / Você cant**a**	Ele / Ela / Você cant**ou**	Ele / Ela / Você cant**ava**
Nós cant**amos**	Nós cant**amos**	Nós cant**ávamos**
Vós cant**ais**	Vós cant**astes**	Vós cant**áveis**
Eles / Elas / Vocês cant**am**	Eles / Elas / Vocês cant**aram**	Eles / Elas / Vocês cant**avam**
Pretérito mais-que-perfeito	**Futuro do presente**	**Futuro do pretérito**
Eu cant**ara**	Eu cant**arei**	Eu cant**aria**
Tu cant**aras**	Tu cant**arás**	Tu cant**arias**
Ele / Ela / Você cant**ara**	Ele / Ela / Você cant**ará**	Ele / Ela / Você cant**aria**
Nós cant**áramos**	Nós cant**aremos**	Nós cant**aríamos**
Vós cant**áreis**	Vós cant**areis**	Vós cant**aríeis**
Eles / Elas / Vocês cant**aram**	Eles / Elas / Vocês cant**arão**	Eles / Elas / Vocês cant**ariam**

SUBJUNTIVO		
Presente	**Pretérito imperfeito**	**Futuro**
Que eu cant**e**	Se eu cant**asse**	Quando eu cant**ar**
Que tu cant**es**	Se tu cant**asses**	Quando tu cant**ares**
Que ele / ela / você cant**e**	Se ele / ela / você cant**asse**	Quando ele / ela / você cant**ar**
Que nós cant**emos**	Se nós cant**ássemos**	Quando nós cant**armos**
Que vós cant**eis**	Se vós cant**ásseis**	Quando vós cant**ardes**
Que eles / elas / vocês cant**em**	Se eles / elas / vocês cant**assem**	Quando eles / elas / vocês cant**arem**

IMPERATIVO	
Afirmativo	**Negativo**
Cant**a** tu	Não cant**es** tu
Cant**e** você	Não cant**e** você
Cant**emos** nós	Não cant**emos** nós
Cant**ai** vós	Não cant**eis** vós
Cant**em** vocês	Não cant**em** vocês

INFINITIVO PESSOAL
Cant**ar** eu
Cant**ares** tu
Cant**ar** ele / ela / você
Cant**armos** nós
Cant**ardes** vós
Cant**arem** eles / elas / vocês

INFINITIVO IMPESSOAL
cantar

GERÚNDIO
cantando

PARTICÍPIO
cantado

ATIVIDADES

1. Faça a correspondência.

A 1ª conjugação   B 2ª conjugação   C 3ª conjugação

a) ☐ brincar
b) ☐ aparecer
c) ☐ dirigir
d) ☐ trabalhar
e) ☐ entender
f) ☐ sair

2. Leia a lenda indígena a seguir.

O velho pajé Kanassa chegou na terra do jacarezinho, chamado de cuiará. Este, vendo quem chegava, disse:

— Ó Kanassa, você está passeando? Tenha cuidado. Tem índio bravo andando por aí.

Kanassa então retrucou:

— Não. Não tem nada, não. É só meu povo andando por aí.

Cuiará, que estava fazendo um ralo para mandioca, continuou sua tarefa. Kanassa, então curioso, perguntou:

— Onde é que você vai carregar esse ralo?

Cuiará respondeu:

— Ora, nas costas.

Kanassa disse para o cuiará:

— Então ponha para eu ver, mas coloque em cima do rabo, pois nas costas não fica bom.

O cuiará fez o que Kanassa pediu. Pôs o ralo na cauda e saiu andando para que o amigo visse.

Kanassa, num passe de encantamento, estendeu a mão em direção ao cuiará e falou baixinho:

— Esse ralo não vai sair mais do rabo dele, vai ficar sempre assim.

Desde esse dia, todo cuiará passou a ter rabo chato e áspero, como o ralador de mandioca.

Antoracy Tortolero Araujo. *Lendas indígenas*. São Paulo: Editora do Brasil, 2014. p. 41.

a) Circule os verbos do texto.

b) Quem são os personagens da lenda? ______________________________

c) Sublinhe com um traço as falas do pajé Kanassa e com dois as do cuiará.

d) O texto está narrado em primeira ou terceira pessoa? O narrador participa dos acontecimentos?

____

Quando um narrador reproduz a fala de alguém, utiliza-se o **discurso direto**.

No discurso direto são empregados **verbos de elocução** para indicar a fala de alguém. Exemplo: **dizer**, **responder**.

e) Releia o trecho abaixo.

O velho pajé Kanassa chegou na terra do jacarezinho, chamado de cuiará.
Este, vendo quem chegava, disse:

— Ó Kanassa, você está passeando? Tenha cuidado. Tem índio bravo andando por aí.

- Copie o verbo usado pelo narrador para indicar a fala do cuiará.

____

f) Transcreva os outros verbos de elocução do texto.

____

3. Complete as frases usando o verbo no tempo e modo indicados.

a) Queríamos que ela ______________________________ mais uma música.
(cantar – pretérito imperfeito do subjuntivo)

b) Quando eu ______________________________ a notícia, comunicarei a novidade a vocês.
(receber – futuro do subjuntivo)

c) ______________________________ juntos e venceremos.
(lutar – imperativo)

d) Se ele ______________________________ que não se atrasaria, eu o buscaria.
(garantir – pretérito imperfeito do subjuntivo)

4. Reescreva as frases passando os verbos no modo indicativo para os tempos solicitados.

a) Márcio indicou o caminho no passeio. (futuro do presente)

____

b) Ele preparou o jantar para os amigos. (pretérito imperfeito)

____

c) Minhas tias comprarão os enfeites para a festa. (futuro do pretérito)

____

d) Tu assististe a todas as partidas. (presente)

____

5. Complete a tabela com as formas nominais dos verbos.

Infinitivo	Gerúndio	Particípio
		gostado
aparecer		
	cumprindo	
		contado
beber		
	dividindo	
		preparado

6. Leia o texto a seguir.

O QUE É A "COLA" DOS REFRIGERANTES DO TIPO COLA?

PLANTA TEVE ORIGEM NA ÁFRICA, MAS HOJE OS REFRIS UTILIZAM INGREDIENTES SINTÉTICOS.

The Taxi Photographer/Shutterstock.com

Nozes de cola.

É a castanha de uma planta nativa da África tropical. A árvore chegou às Américas trazida pelos escravos e ganhou nomes como noz-de-cola, orobó e café-do-sudão. As árvores coleiras produzem uma noz de 2 a 5 centímetros, com a cor avermelhada típica dos refrigerantes feitos com ela. Graças à alta concentração de cafeína, a cola é usada pelos africanos como estimulante e digestivo. Além disso, quando mastigada, ela realça o sabor doce de alimentos consumidos em seguida. Hoje, entretanto, os refris só têm noz-de-cola no nome, porque ela foi substituída na fórmula por ingredientes sintéticos.

Tarso Araújo. O que é a "cola" [...]? *Mundo Estranho*, São Paulo, 14 fev. 2020. Disponível em: https://mundoestranho.abril.com.br/alimentacao/o-que-e-a-cola-dos-refrigerantes-do-tipo-cola/. Acesso em: 29 maio 2022.

a) Sublinhe todos os verbos do texto.

b) Copie os verbos de 1ª conjugação.

____

c) Releia o trecho abaixo.

A árvore **chegou** às Américas **trazida** pelos escravos e **ganhou** nomes como noz-de-cola, orobó e café-do-sudão.

- Em que pessoa, tempo e modo estão conjugados os verbos em destaque?

____

____

- Substitua **árvore** por **árvores** e reescreva o trecho com os ajustes necessários. Sublinhe as palavras que sofreram alteração.

____

____

GRAMÁTICA

Verbos: tempos e modos da 2ª e 3ª conjugações

Leia a quadrinha a seguir e observe os verbos destacados.

Se a tarde **cair** triste
com ar de que vai **chover**,
não te **esqueças** de meus olhos
que choram por não te ver.

Bruna Ishihara

BRASIL. Ministério da Educação. *Adivinhas, canções, cantigas de roda, parlendas, poemas, quadrinhas e trava-línguas* – Livro do aluno. Brasília, DF: MEC, 2000. v. 1, p. 54. Disponível em: www.dominiopublico.gov.br/download/texto/me000588.pdf. Acesso em: 14 jun. 2022.

Os verbos **chover** e **esquecer** são da 2ª conjugação porque os infinitivos terminam em **-er**.

Já o verbo **cair** é da 3ª conjugação, pois o infinitivo termina em **-ir**.

Veja outros exemplos:

em **-er** (2ª conjugação) → comer, entender, viver
em **-ir** (3ª conjugação) → aplaudir, insistir, sair

O cachorro de Gustavo sempre **corre** quando o **vê**.

mgstudyo/iStockphoto.com

Letícia **dormiu** cedo hoje.

kryzhov/Shutterstock.com

Aprenda a conjugar os verbos da 2ª **conjugação** (exemplo: **vender**).

INDICATIVO		
Presente	**Pretérito perfeito**	**Pretérito imperfeito**
Eu vend**o**	Eu vend**i**	Eu vend**ia**
Tu vend**es**	Tu vend**este**	Tu vend**ias**
Ele /Ela / Você vend**e**	Ele / Ela / Você vend**eu**	Ele / Ela /Você vend**ia**
Nós vend**emos**	Nós vend**emos**	Nós vend**íamos**
Vós vend**eis**	Vós vend**estes**	Vós vend**íeis**
Eles / Elas / Vocês vend**em**	Eles / Elas / Vocês vend**eram**	Eles / Elas / Vocês vend**iam**
Pretérito mais-que-perfeito	**Futuro do presente**	**Futuro do pretérito**
Eu vend**era**	Eu vend**erei**	Eu vend**eria**
Tu vend**eras**	Tu vend**erás**	Tu vend**erias**
Ele / Ela / Você vend**era**	Ele / Ela / Você vend**erá**	Ele / Ela / Você vend**eria**
Nós vend**êramos**	Nós vend**eremos**	Nós vend**eríamos**
Vós vend**êreis**	Vós vend**ereis**	Vós vend**eríeis**
Eles / Elas / Vocês vend**eram**	Eles / Elas / Vocês vend**erão**	Eles / Elas / Vocês vend**eriam**

SUBJUNTIVO		
Presente	**Pretérito imperfeito**	**Futuro**
Que eu vend**a**	Se eu vend**esse**	Quando eu vend**er**
Que tu vend**as**	Se tu vend**esses**	Quando tu vend**eres**
Que ele / ela / você vend**a**	Se ele / ela / você vend**esse**	Quando ele / ela / você vend**er**
Que nós vend**amos**	Se nós vend**êssemos**	Quando nós vend**ermos**
Que vós vend**ais**	Se vós vend**êsseis**	Quando vós vend**erdes**
Que eles / elas / vocês vend**am**	Se eles / elas / vocês vend**essem**	Quando eles / elas / vocês vend**erem**

IMPERATIVO	
Afirmativo	**Negativo**
Vend**e** tu	Não vend**as** tu
Vend**a** você	Não vend**a** você
Vend**amos** nós	Não vend**amos** nós
Vend**ei** vós	Não vend**ais** vós
Vend**am** vocês	Não vend**am** vocês

INFINITIVO PESSOAL
Vend**er** eu
Vend**eres** tu
Vend**er** ele / ela /você
Vend**ermos** nós
Vend**erdes** vós
Vend**erem** eles / elas / vocês

INFINITIVO IMPESSOAL
vender

GERÚNDIO
vendendo

PARTICÍPIO
vendido

Aprenda a conjugar os verbos da **3ª conjugação** (exemplo: **partir**).

INDICATIVO		
Presente	**Pretérito perfeito**	**Pretérito imperfeito**
Eu part**o**	Eu part**i**	Eu part**ia**
Tu part**es**	Tu part**iste**	Tu part**ias**
Ele / Ela / Você part**e**	Ele / Ela / Você part**iu**	Ele / Ela / Você part**ia**
Nós part**imos**	Nós part**imos**	Nós part**íamos**
Vós part**is**	Vós part**istes**	Vós part**íeis**
Eles / Elas / Vocês part**em**	Eles / Elas / Vocês part**iram**	Eles / Elas / Vocês part**iam**
Pretérito mais-que-perfeito	**Futuro do presente**	**Futuro do pretérito**
Eu part**ira**	Eu part**irei**	Eu part**iria**
Tu part**iras**	Tu part**irás**	Tu part**irias**
Ele / Ela / Você part**ira**	Ele / Ela / Você part**irá**	Ele / Ela / Você part**iria**
Nós part**íramos**	Nós part**iremos**	Nós part**iríamos**
Vós part**íreis**	Vós part**ireis**	Vós part**iríeis**
Eles / Elas / Vocês part**iram**	Eles / Elas / Vocês part**irão**	Eles / Elas / Vocês part**iriam**

SUBJUNTIVO		
Presente	**Pretérito imperfeito**	**Futuro**
Que eu part**a**	Se eu part**isse**	Quando eu part**ir**
Que tu part**as**	Se tu part**isses**	Quando tu part**ires**
Que ele / ela / você part**a**	Se ele / ela / você part**isse**	Quando ele / ela / você part**ir**
Que nós part**amos**	Se nós part**íssemos**	Quando nós part**irmos**
Que vós part**ais**	Se vós part**ísseis**	Quando vós part**irdes**
Que eles / elas / vocês part**am**	Se eles / elas / vocês part**issem**	Quando eles / elas / vocês part**irem**

IMPERATIVO	
Afirmativo	Negativo
Part**e** tu	Não part**as** tu
Part**a** você	Não part**a** você
Part**amos** nós	Não part**amos** nós
Part**i** vós	Não part**ais** vós
Part**am** vocês	Não part**am** vocês

INFINITIVO PESSOAL
Part**ir** eu
Part**ires** tu
Part**ir** ele / ela / você
Part**irmos** nós
Part**irdes** vós
Part**irem** eles / elas / vocês

INFINITIVO IMPESSOAL
partir

GERÚNDIO
partindo

PARTICÍPIO
partido

1. Responda às perguntas escrevendo apenas verbos no infinitivo impessoal pertencentes à:

a) 2ª conjugação

- O que queremos fazer quando temos fome?

___

- O que devemos fazer quando sentimos sede?

___

b) 3ª conjugação

- O que queremos fazer quando alguém nos conta uma piada?

___

- O que devemos fazer com o alimento após mastigá-lo?

___

2. Leia o texto e complete a tabela com os verbos destacados, conforme o modelo.

Era uma vez uma formiguinha que **seguia** tranquila seu caminho quando, do ramo de uma árvore, se **desprendeu** um floco de neve e ele **caiu** exatamente sobre suas patinhas.

Aflita, ela **olha** para cima e **exclama**:

— Ó Sol, tu que és o ser mais poderoso do universo, **derrete** a neve dos meus pés!

O Sol olha sério para a formiga e **responde**:

— Não, formiga, eu não sou o mais poderoso do universo. Mais poderosa do que eu é a Nuvem, que me **esconde**.

[...]

Mila Behrendt. *Giros*: contos de encantar. São Paulo: Cortez, 2010. p. 17.

Verbo	Infinitivo impessoal	Conjugação
seguia	seguir	3ª

3. Reescreva as frases, passando os verbos para os tempos pedidos.

a) André bateu o recorde da corrida. (futuro do presente)

____

b) Ele segue as indicações do mapa. (pretérito mais-que-perfeito)

____

c) Nós repetiremos tudo mais uma vez. (futuro do pretérito)

____

d) Meu pai me levou para andar de bicicleta. (pretérito imperfeito)

____

e) Larissa e Angela compravam as frutas para a casa. (presente)

____

4. Relacione corretamente.

A 1ª conjugação — **B** 2ª conjugação — **C** 3ª conjugação

☐ cair	☐ gritar	☐ descer
☐ escolher	☐ podar	☐ mover
☐ permitir	☐ exibir	☐ abraçar
☐ dançar	☐ varrer	☐ tossir

5. Identifique a pessoa do discurso, o tempo e o modo dos verbos. Depois, escreva uma frase com cada um deles.

a) construiremos ______________________________

____

b) devolveu ______________________________

____

c) saíssem ______________________________

____

6. Reescreva as frases adequando os pronomes e os verbos à pessoa do discurso que está indicada entre parênteses.

a) Eu voltarei tarde porque precisarei passar no mercado. (1ª pessoa do plural)

____

____

b) Ela dormiu na casa da amiga no fim de semana passado. (3ª pessoa do plural)

____

____

c) Eles venderam doces na festa junina da escola. (1ª pessoa do singular)

____

____

d) Nós comemos salada no almoço. (3ª pessoa do plural)

____

____

7. Leia o texto a seguir.

RIOS VOADORES

Os Rios Voadores são uma espécie de curso de água invisível que circula pela atmosfera. Trata-se da umidade gerada pela Amazônia e que se dispersa por todo o continente sul-americano. [...]

Ratnakorn Piyasirisorost/Getty Images

Rios voadores.

A origem dos rios voadores acontece da seguinte forma: as árvores da Floresta Amazônica "bombeiam" as águas das chuvas de volta para a atmosfera, através de um fenômeno denominado *evapotranspiração*, ou seja, a água das chuvas que fica retida nas copas das árvores evapora e permanece na atmosfera em forma de umidade. É exatamente essa umidade que forma os rios voadores. [...]

Alguns pesquisadores apuraram que os rios voadores contribuem diretamente na formação das nascentes dos cursos de água que formam o grande Rio Amazonas. Isso porque toda essa umidade gerada pela floresta é transportada pelos ventos em direção à Cordilheira dos Andes, um imenso "paredão" de quase 4000 metros de altitude que funciona como uma espécie de barreira para as frentes úmidas.

Ao barrar toda essa quantidade de vapor-d'água, parte dela se precipita na forma de chuvas ou neve, que vão contribuir para a formação de rios e nascentes de importantes cursos de água da região da costa do Peru, inclusive aqueles que dão origem ao Rio Amazonas.

Rodolfo F. A. Pena. Rios voadores. *Mundo Educação*, [*s. l.*], c2022. Disponível em: https://mundoeducacao.uol.com.br/geografia/rios-voadores.htm. Acesso em: 20 jun. 2022.

a) Sublinhe todos os verbos do texto.

b) Copie os verbos de 2ª e 3ª conjugações.

____

____

c) Releia o trecho a seguir.

> Alguns pesquisadores **apuraram** que os rios voadores **contribuem** diretamente na formação das nascentes dos cursos de água que **formam** o grande Rio Amazonas.

- Escreva a pessoa do discurso, o tempo e o modo em que os verbos destacados foram conjugados.

____

____

- Suponha que o trecho anterior esteja narrando uma ação ocorrida no tempo pretérito perfeito. Reescreva-o fazendo as alterações necessárias. Sublinhe as palavras que sofreram modificações.

____

____

- Reescreva o trecho substituindo a expressão "rios voadores" por "rio voador". Sublinhe a palavra que sofreu alteração.

____

____

d) Releia o último parágrafo do texto e copie dois verbos no infinitivo impessoal.

____

8. Forme frases com os verbos de 2ª e 3ª conjugação representados nas imagens a seguir.

a)

LightField Studios/Shutterstock.com

____

____

____

b)

New Africa/Shutterstock.com

____

____

____

c)

Vadim Zakharishchev/Shutterstock.com

____

____

____

Palavras com -am ou -ão

> Quando o verbo estiver no passado, usa-se **-am**.
> Quando o verbo estiver no futuro, usa-se **-ão**.

1. Complete as frases com o verbo **comprar** nos tempos indicados.

a) Mauro e Luísa ______________________ os ingressos. (futuro do presente)

b) Mauro e Luísa ______________________ os ingressos. (pretérito perfeito)

2. Complete as frases a seguir com os verbos na conjugação correta.

a) Ontem os irmãos ______________________ o tema da sua festa de aniversário. (escolher)

b) Amanhã os colegas ______________________ juntos depois da aula. (estudar)

c) Na semana passada, elas ______________________ no clube. (nadar)

d) No próximo mês, os engenheiros ______________________ a construção. (visitar)

e) Hoje de manhã as crianças ______________________ no jardim. (brincar)

3. Construa uma frase para cada imagem conjugando o verbo descrito na pessoa e no tempo indicados.

a) ler – 3ª pessoa do plural, pretérito imperfeito

____

____

____

wavebreakmedia/Shutterstock.com

b) brincar – 3ª pessoa do plural, futuro do presente

____

____

____

Robert Kneschke/Shutterstock.com

4. Leia um trecho do conto "Os músicos de Bremen", a seguir.

Era uma vez um burrinho que trabalhava duro, puxando carroças pesadas. Com o passar dos anos, começou a se sentir cada vez mais fraco.

Dispensado pelo patrão, o burrinho foi à cidade de Bremen pleitear uma vaga de cantor em uma banda de música.

Já a caminho, encontrou um cão de caça esmorecido, que estava deitado no chão. Então, perguntou:

— Cão, por que está tão triste?

Após um longo suspiro, o cão respondeu:

— Envelheci e não consigo caçar como antes. Por essa razão, meu dono resolveu me sacrificar.

O burrinho contou-lhe sobre seus planos musicais, convidando-o a participar. O cão ficou animadíssimo e seguiu com seu novo amigo.

Alguns minutos depois, viram um gato muito triste e indagaram:

— Gato, qual o motivo de tanto desânimo?

E o felino ronronou:

— Com o passar dos anos, perdi a destreza em capturar camundongos. Por causa disso, minha dona tentou me afogar.

O burro e o cachorro contaram que estavam a caminho de Bremen, que iriam trabalhar como músicos e que o bichano, mestre em serenatas, seria um ótimo parceiro.

O gato adorou a ideia, e os três companheiros seguiram viagem.

[...]

Bruna Ishihara

BRASIL. Ministério da Educação. *Os músicos de Bremen*. Brasília, DF: MEC, 2020. p. 3. (Conta pra Mim). Disponível em: https://documentcloud.adobe.com/link/track?uri=urn:aaid:scds:US:f8b86bc1-7db1-4ab2-8261-3a6904ad1215. Acesso em: 14 jun. 2022.

a) Quais são os personagens que aparecem nesse trecho?

____

b) Releia o trecho a seguir.

> Dispensado pelo patrão, o burrinho foi à cidade de Bremen **pleitear** uma vaga de cantor em uma banda de música.

- Qual das palavras pode substituir a que está em destaque, mantendo o seu sentido? Observe o contexto do trecho.

☐ assumir ☐ tentar ☐ exigir

c) Agora, releia o trecho abaixo.

> E o felino ronronou:
> — Com o passar dos anos, perdi a **destreza** em capturar camundongos. Por causa disso, minha dona tentou me afogar.
> O burro e o cachorro contaram que estavam a caminho de Bremen, que iriam trabalhar como músicos e que o bichano, mestre em serenatas, seria um ótimo parceiro.

- Para evitar repetições nesse trecho, o autor utilizou duas outras palavras para se referir ao gato. Transcreva-as abaixo.

____

- Qual das palavras abaixo pode substituir a palavra **destreza**, em destaque, sem alterar seu sentido? Observe o contexto do trecho.

☐ necessidade ☐ aptidão ☐ dificuldade

d) Releia o trecho a seguir.

> O burrinho contou-lhe sobre seus planos musicais, convidando-o a participar. O cão ficou animadíssimo e seguiu com seu novo amigo.
> Alguns minutos depois, **viram** um gato muito triste e **indagaram**:
> — Gato, qual o motivo de tanto desânimo?

- Esse trecho narra uma ação ocorrida no passado ou que está acontecendo no presente? Copie do texto palavras que comprovam a sua resposta.

____

____

____

- Observe os verbos **viram** e **indagaram**, destacados no trecho. Em que tempo e modo estão conjugados?

____

____

- Retome a frase em que esses verbos estão compostos e reescreva-a conjugando-os no futuro do presente.

____

____

CAPÍTULO 21

GRAMÁTICA

Verbos auxiliares

Leia a tirinha a seguir.

Mauricio de Sousa. *Turma da Mônica*. ©Mauricio de Sousa Produções – Brasil/2000.

Observe as falas do último quadrinho:

Mas eu **estou parado**!
Quem **está andando** é o skate!

Na locução verbal **estou parado**, o verbo **estar** está auxiliando o verbo **parar**, no particípio (**parado**).

No caso da locução verbal **está andando**, o verbo **estar** está auxiliando o verbo **andar**, no gerúndio (**andando**).

> Os verbos **ser**, **estar**, **ter** e **haver**, quando se juntam a outros verbos principais (no particípio ou no gerúndio) para indicar uma única ação, são **verbos auxiliares**.

Exemplos:

Estou andando de bicicleta neste parque.
↓
verbo **estar** + gerúndio = indica ação em andamento

Tenho andado de bicicleta neste parque.
↓
verbo **ter** + particípio = indica ação contínua

Havia andado de bicicleta neste parque.
↓
verbo **haver** + particípio = indica ação realizada no passado

Jacek Chabraszewski/Shutterstock.com

Aprenda a conjugar os **verbos auxiliares**:

- ser;
- estar;
- ter;
- haver.

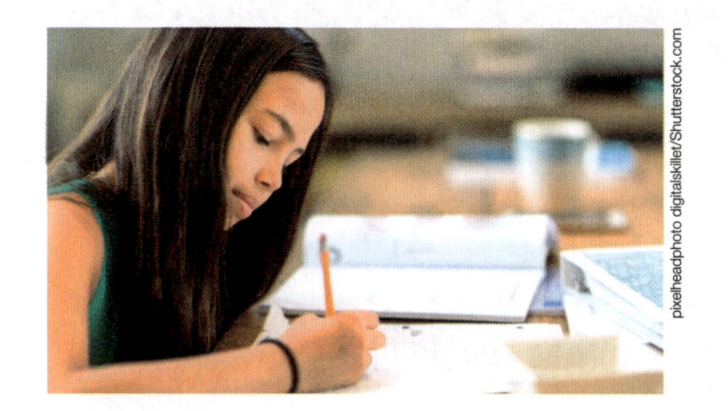
pixelheadphoto digitalskillet/Shutterstock.com

MODO INDICATIVO				
Presente				
–	**ser**	**estar**	**ter**	**haver**
Eu	sou	estou	tenho	hei
Tu	és	estás	tens	hás
Ele/Ela	é	está	tem	há
Nós	somos	estamos	temos	havemos
Vós	sois	estais	tendes	haveis
Eles/Elas	são	estão	têm	hão
Pretérito perfeito				
Eu	fui	estive	tive	houve
Tu	foste	estiveste	tiveste	houveste
Ele/Ela	foi	esteve	teve	houve
Nós	fomos	estivemos	tivemos	houvemos
Vós	fostes	estivestes	tivestes	houvestes
Eles/Elas	foram	estiveram	tiveram	houveram
Pretérito imperfeito				
Eu	era	estava	tinha	havia
Tu	eras	estavas	tinhas	havias
Ele/Ela	era	estava	tinha	havia
Nós	éramos	estávamos	tínhamos	havíamos
Vós	éreis	estáveis	tínheis	havíeis
Eles/Elas	eram	estavam	tinham	haviam

MODO INDICATIVO				
Pretérito mais-que-perfeito				
Eu	fora	estivera	tivera	houvera
Tu	foras	estiveras	tiveras	houveras
Ele/Ela	fora	estivera	tivera	houvera
Nós	fôramos	estivéramos	tivéramos	houvéramos
Vós	fôreis	estivéreis	tivéreis	houvéreis
Eles/Elas	foram	estiveram	tiveram	houveram
Futuro do presente				
Eu	serei	estarei	terei	haverei
Tu	serás	estarás	terás	haverás
Ele/Ela	será	estará	terá	haverá
Nós	seremos	estaremos	teremos	haveremos
Vós	sereis	estareis	tereis	havereis
Eles/Elas	serão	estarão	terão	haverão
Futuro do pretérito				
Eu	seria	estaria	teria	haveria
Tu	serias	estarias	terias	haverias
Ele/Ela	seria	estaria	teria	haveria
Nós	seríamos	estaríamos	teríamos	haveríamos
Vós	seríeis	estaríeis	teríeis	haveríeis
Eles/Elas	seriam	estariam	teriam	haveriam

ESB Professional/Shutterstock.com

MODO SUBJUNTIVO				
Presente				
Eu	seja	esteja	tenha	haja
Tu	sejas	estejas	tenhas	hajas
Ele/Ela	seja	esteja	tenha	haja
Nós	sejamos	estejamos	tenhamos	hajamos
Vós	sejais	estejais	tenhais	hajais
Eles/Elas	sejam	estejam	tenham	hajam
Pretérito imperfeito				
Eu	fosse	estivesse	tivesse	houvesse
Tu	fosses	estivesses	tivesses	houvesses
Ele/Ela	fosse	estivesse	tivesse	houvesse
Nós	fôssemos	estivéssemos	tivéssemos	houvéssemos
Vós	fôsseis	estivésseis	tivésseis	houvésseis
Eles/Elas	fossem	estivessem	tivessem	houvessem

MODO IMPERATIVO			
Afirmativo			
sê (tu)	está (tu)	tem (tu)	há (tu)
seja (você)	esteja (você)	tenha (você)	haja (você)
sejamos (nós)	estejamos (nós)	tenhamos (nós)	hajamos (nós)
sede (vós)	estai (vós)	tende (vós)	havei (vós)
sejam (vocês)	estejam (vocês)	tenham (vocês)	hajam (vocês)
Negativo			
não sejas (tu)	não estejas (tu)	não tenhas (tu)	não hajas (tu)
não seja (você)	não esteja (você)	não tenha (você)	não haja (você)
não sejamos (nós)	não estejamos (nós)	não tenhamos (nós)	não hajamos (nós)
não sejais (vós)	não estejais (vós)	não tenhais (vós)	não hajais (vós)
não sejam (vocês)	não estejam (vocês)	não tenham (vocês)	não hajam (vocês)

INFINITIVO				
Impessoal				
ser		estar	ter	haver
Pessoal				
Eu	ser	estar	ter	haver
Tu	seres	estares	teres	haveres
Ele/Ela	ser	estar	ter	haver
Nós	sermos	estarmos	termos	havermos
Vós	serdes	estardes	terdes	haverdes
Eles/Elas	serem	estarem	terem	haverem

GERÚNDIO			
sendo	estando	tendo	havendo

PARTICÍPIO			
sido	estado	tido	havido

ATIVIDADES

1. Complete as frases com os verbos auxiliares do quadro.

tenho estão temos foram foi

adriaticfoto/Shutterstock.com

a) As empresárias ________________ levadas à sala de reunião.

b) Eu ________________ estudado bastante para os exames.

c) Ana e seu irmão ________________ aprendendo a tocar violão.

d) Meu pai ________________ convidado para um casamento.

e) ________________ conversado a respeito das férias.

2. Complete as frases com a forma verbal **há** (haver) ou **tem** (ter). **Lembre-se**: o verbo **ter** é mais empregado no sentido de **possuir** e o verbo **haver**, no sentido de **existir**.

a) Rodrigo ________________ uma coleção de origamis.

b) ________________ muitos assuntos interessantes nos seus livros.

c) Ele ________________ dez anos, e você?

d) Na feira, ________________ barracas de frutas, verduras e legumes.

e) Nádia ________________ amigas que moram no interior.

f) Nós queremos saber o que ________________ no baú.

Rapeepat Pornsipak/Shutterstock.com

3. Transforme o verbo em destaque nas frases em locução verbal. Veja o modelo.

Quando cheguei, ela já **saíra**.
Quando cheguei, ela já **havia saído**.

a) Você **chegara** pouco depois do início do espetáculo.

____

b) Os rapazes já **cantaram** toda a música.

____

c) Nós **comêramos** todo o bolo antes do fim da festa.

____

d) Manuela **ajudara** Raíssa antes de ela fazer a prova.

____

4. Reescreva as frases passando os verbos destacados para o tempo futuro do pretérito.

a) O cachorro **tem ficado** triste com sua partida.

____

b) Maia **tinha feito** uma boa partida como goleira.

____

c) Breno **havia levado** o que sua mãe pediu do mercado.

____

d) Eles **tinham divulgado** a peça de teatro da turma.

____

5. Leia um trecho da lenda "O rabo do jacarezinho" e observe os verbos em destaque.

O velho pajé Kanassa **chegou** na terra do jacarezinho, chamado de cuiará. Este, vendo quem **chegava**, **disse**:

– Ó Kanassa, você está passeando? Tenha cuidado. Tem índio bravo andando por aí.

Kanassa então **retrucou**:

– Não. Não **tem** nada, não. **É** só meu povo **andando** por aí.

[...]

Antoracy Tortolero Araujo. *Lendas indígenas*. São Paulo: Editora do Brasil, 2014. p. 41.

a) O texto é narrado em primeira ou terceira pessoa?

___

b) Sublinhe as falas dos personagens em discurso direto.

- Copie os verbos de elocução que indicam essas falas em discurso direto.

___

c) Releia o trecho a seguir.

O velho pajé Kanassa **chegou** na terra do jacarezinho, chamado de cuiará. Este, vendo quem **chegava**, **disse**:

- Por que todos os verbos desse trecho estão no passado?

___

d) Leia o trecho e observe os verbos destacados.

— Ó Kanassa, você **está passeando**? **Tenha** cuidado. **Tem** índio bravo **andando** por aí.

[...]

— Não. Não **tem** nada, não. **É** só meu povo **andando** por aí.

- Se a história é sobre um fato passado, por que nesses trechos os verbos estão no presente?

___

___

___

- Na locução verbal **está passeando**, presente no trecho, o verbo **está** é auxiliar do verbo **passeando** (gerúndio). Como essa expressão ficaria no tempo futuro do presente?

___

GRAMÁTICA

Verbos irregulares: dizer, pôr e ir

Quando conjugamos os verbos **cantar** (1ª conjugação), **vender** (2ª conjugação) e **partir** (3ª conjugação), apresentamos modelos de conjugação sem alterações nos radicais e nas terminações, válidos para a maioria dos verbos.

Os verbos que seguem esses modelos de conjugação, que não apresentam alterações nos radicais nem nas terminações, são chamados de **verbos regulares**.

> **Verbos irregulares** são aqueles que apresentam alterações no radical ou nas terminações, ou nos dois ao mesmo tempo.

dar dizer fazer ir ouvir
perder pôr querer saber

Para saber se um verbo é regular ou irregular, devemos compará-lo com o verbo modelo da sua conjugação nos tempos **presente** ou **pretérito perfeito do indicativo**.

Observe a conjugação dos verbos irregulares a seguir.

VERBO DIZER – 2ª CONJUGAÇÃO						
MODO INDICATIVO						
–	Presente	Pretérito perfeito	Pretérito imperfeito	Pretérito mais--que-perfeito	Futuro do presente	Futuro do pretérito
Eu	digo	disse	dizia	dissera	direi	diria
Tu	dizes	disseste	dizias	disseras	dirás	dirias
Ele / Ela	diz	disse	dizia	dissera	dirá	diria
Nós	dizemos	dissemos	dizíamos	disséramos	diremos	diríamos
Vós	dizeis	dissestes	dizíeis	disséreis	direis	diríeis
Eles / Elas	dizem	disseram	diziam	disseram	dirão	diriam

FORMAS NOMINAIS		
Infinitivo	Gerúndio	Particípio
dizer	dizendo	dito

VERBO PÔR – 2ª CONJUGAÇÃO						
MODO INDICATIVO						
–	Presente	Pretérito perfeito	Pretérito imperfeito	Pretérito mais--que-perfeito	Futuro do presente	Futuro do pretérito
Eu	ponho	pus	punha	pusera	porei	poria
Tu	pões	puseste	punhas	puseras	porás	porias
Ele / Ela	põe	pôs	punha	pusera	porá	poria
Nós	pomos	pusemos	púnhamos	puséramos	poremos	poríamos
Vós	pondes	pusestes	púnheis	puséreis	poreis	poríeis
Eles / Elas	põem	puseram	punham	puseram	porão	poriam

FORMAS NOMINAIS		
Infinitivo	Gerúndio	Particípio
pôr	pondo	posto

VERBO IR – 3ª CONJUGAÇÃO						
MODO INDICATIVO						
–	Presente	Pretérito perfeito	Pretérito imperfeito	Pretérito mais--que-perfeito	Futuro do presente	Futuro do pretérito
Eu	vou	fui	ia	fora	irei	iria
Tu	vais	foste	ias	foras	irás	irias
Ele / Ela	vai	foi	ia	fora	irá	iria
Nós	vamos	fomos	íamos	fôramos	iremos	iríamos
Vós	ides	fostes	íeis	fôreis	ireis	iríeis
Eles / Elas	vão	foram	iam	foram	irão	iriam

FORMAS NOMINAIS		
Infinitivo	Gerúndio	Particípio
ir	indo	ido

ATIVIDADES

1. Observe as cenas e complete as frases com o verbo **pôr** no tempo presente do modo indicativo e com os substantivos que faltam.

O verbo **pôr** (sinônimo de **colocar**) tem acento circunflexo.
Por, sem acento, é uma preposição.

a) Prostock-studio/Shutterstock.com

Eu ______________ o leite no ______________.

b) Irina Wilhauk/Shutterstock.com

Nós ______________ as mudas na ______________.

c) Prostock-studio/Shutterstock.com

Eles ______________ o tempero na ______________.

d) Dmytro Zinkevych/Shutterstock.com

Você ______________ os ______________ na mesa.

2. Reescreva as frases passando os verbos para o tempo futuro do presente do modo indicativo.

a) Nós pomos as caixas da mudança na sala.

____

b) Os membros da banda compuseram uma música.

____

c) A professora repôs a aula de quinta-feira.

____

3. Reescreva as frases transformando a locução verbal em apenas um verbo. Siga o modelo abaixo.

Vamos fazer a decoração da festa. → **Faremos** a decoração da festa.

a) Lúcia vai pôr as flores no vaso.

____

b) Paula e Fabiana vão decorar a festa juntas.

____

c) Caio vai chamar os amigos para jogar bola.

____

4. Leia o poema abaixo.

Almoço na casa da vovó

A menina sabe
Que hoje é domingo
E gosta muito da comida da vovó.
Então logo após escovar os dentes
Convida sorrindo:
— Vamos almoçar na casa da vovó?

E a mãe, o coração cheio de saudades,
Nem perde tempo
Em fazer bolinhos
Para o café da manhã:
Nunca esqueceu
Do cheiro de cuscuz
Quentinho no prato
À mesa da cozinha.

— Vai, minha querida, chama o papai!
Diz que a vovó vai fazer
Galinha caipira para o almoço!

Claudia Marianno

Teresa Cristina. Almoço na casa da vovó. *Recanto das Letras*, Piauí, 2013. Disponível em: https://www.recantodasletras.com.br/poesiasinfantis/4225553. Acesso em: 21 jun. 2022.

a) Circule as rimas do poema. Em que estrofe elas aparecem?

____

b) Releia a segunda e terceira estrofes. Copie abaixo o verbo irregular que há nelas.

____

c) Na terceira estrofe, o verbo **fazer** faz parte de uma locução verbal: **vai fazer**. Reescreva o verso em que ela se encontra transformando essa locução em um só verbo, mantendo o tempo verbal.

____

Palavras com em, êm, ê e eem

Observe as frases com o verbos **ter**, **ver**, **ler**, **crer**, **dar** e **vir** na 3ª pessoa do singular e do plural.

Ele **tem** aula de natação aos sábados. → Eles **têm** aula de natação aos sábados.
Ela **vê** televisão após o almoço. → Elas **veem** televisão após o almoço.
Ele **lê** todo dia um capítulo do livro. → Eles **leem** todos os dias um capítulo do livro.
Ela **crê** em um milagre. → Elas **creem** em um milagre.
Espero que ele **dê** a parte que prometeu. → Espero que eles **deem** a parte que prometeram.
Ele **vem** à aula de bicicleta. → Eles **vêm** à aula de bicicleta.

1. Complete as lacunas dos trechos a seguir com o verbo na conjugação correta escolhendo uma das opções entre parênteses.

a)

As pessoas ________________ (vê/veem) os brasileiros correndo, mas ninguém pergunta se estão precisando de apoio, treinando no lugar ideal [...].

AINDA longe do pódio, Brasil melhora na São Silvestre com veterano. *Correio do Estado,* Campo Grande, 31 dez. 2018. Disponível em: https://correiodoestado.com.br//esportes/ainda-longe-do-podio-brasil-melhora-na-sao-silvestre-com-veterano/344249. Acesso em: 21 jun. 2022.

b)

Ele gosta de olhar o jardim, de discutir assuntos compridos, de comer devagar enquanto ________________ (leem/lê) o jornal no café da manhã.

Cassiana Pizaia; Rima Awada; Rosi Vilas Boas. *Máquinas do tempo*. São Paulo: Editora do Brasil, 2016. p. 5.

c)

— Por favor, formiguinhas, me ________________ (dê/deem) um pouco de trigo! Estou com uma fome danada, acho que vou morrer.

BRASIL. Ministério da Educação. *Alfabetização*: livro do aluno – Contos tradicionais, fábulas, lendas e mitos. Brasília, DF: MEC, 2000. v. 2. Disponível em: www.dominiopublico.gov.br/download/texto/me001614.pdf. Acesso em: 21 jun. 2022.

2. Leia a notícia a seguir.

FUTEBOL DE 5 DO BRASIL CHEGA INVICTO A LIMA

Brasileiros venceram todas as edições do Parapan

No dia 23 de agosto começam os Jogos Parapan-Americanos de Lima, e o Brasil não sabe o que é perder no futebol de 5. Campeão desde a primeira vez que o esporte esteve em evento como este, no Rio de Janeiro em 2007, o time brasileiro chega a Lima para buscar seu quarto ouro.

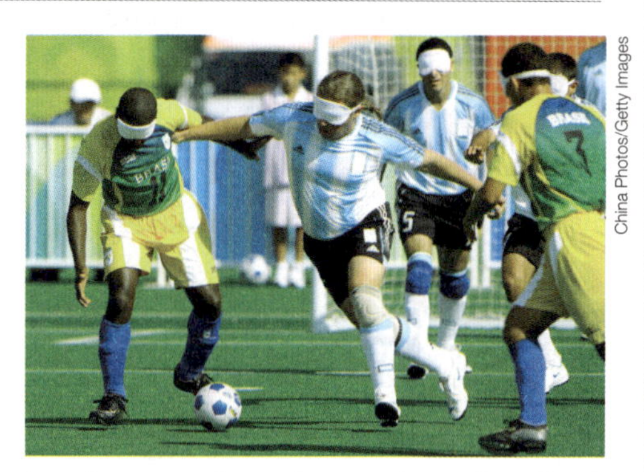

China Photos/Getty Images

Brasil vence a Argentina nos jogos Paralímpicos de 2008, em Beijing, na China.

Naquela oportunidade os atletas brasileiros estrearam nos jogos já sob pressão. Após a derrota no Mundial de 2006, o Parapan de 2007 seria a única chance de classificação para os Jogos Paralímpicos de 2008. E o objetivo foi alcançado, com o triunfo de 1 a 0 na final sobre a Argentina. A partir daí uma vitória chamou a outra, o que levou à conquista de 24 títulos em sequência.

Após a primeira conquista, a equipe passou a lidar melhor com a pressão, como afirma Ricardinho, um dos veteranos do time: "Estamos acostumados a essa pressão, não só pelo histórico no Parapan, mas pelos títulos que o Brasil ganhou. Mas deixamos isso fora das quatro linhas. Sabemos que sempre temos que aumentar um pouco o nível. E nossa equipe sempre é a equipe a ser batida. Então, temos que ter essa consciência. Pois, se vacilar, complica".

[...]

REGRAS DIFERENTES

O futebol de 5 tem regras diferentes do futebol convencional. A modalidade é disputada por pessoas com deficiência visual, em partidas de dois tempos de 20 minutos nas quais não há cobranças de lateral ou escanteios. Os atletas usam vendas para que não haja vantagem dos que enxergam parcialmente em relação àqueles que nada veem.

As bolas possuem guizos que fazem um barulho para orientar os atletas em campo. [...]

Lincoln Chaves e Andreza Gonçalves. Futebol de 5 do Brasil chega invicto a Lima. *Agência Brasil*, Rio de Janeiro, 16 ago. 2019. Disponível em: https://agenciabrasil.ebc.com.br/geral/noticia/2019-08/futebol-de-5-do-brasil-chega-invicto-lima. Acesso em: 21 jun. 2022.

a) Qual é a fonte da notícia? Essa fonte é *on-line* ou impressa?

b) Releia a notícia e escreva as informações solicitadas a seguir.

Qual é o fato noticiado?	______________________
Quem vai participar?	______________________
Quando vai começar?	______________________
Onde será o evento?	______________________
Por quê?	______________________

c) Releia o trecho a seguir.

O futebol de 5 tem regras diferentes do futebol convencional.

- Reescreva o trecho substituindo a expressão em destaque por "Os jogos de futebol de 5".

____

____

- Que mudança ocorreu no verbo **ter**?

____

3. Reescreva as frases substituindo o verbo em destaque por outro de igual significado. Escolha entre os verbos **ter**, **ver** ou **crer**.

a) Cristiane **acredita** em sua promoção no trabalho.

____

b) Eles **possuem** uma mochila colorida.

____

c) O público **assiste** à peça de teatro.

____

4. Assinale a opção que completa adequadamente as frases e escreva-a na lacuna.

a) Maíra e sua irmã ________________ séries juntas.

[ ] vem [ ] veem

b) Ele ________________ muita confiança em sua capacidade.

[ ] tem [ ] têm

c) Ainda não sabemos se eles ________________ para o jantar.

[ ] vê [ ] vêm

d) Espero que ele me ________________ o que eu pedi.

[ ] dê [ ] deem

AnnaStills/Shutterstock.com

5. Observe as imagens e complete as frases com a conjugação correta dos verbos entre parênteses.

a) Ele ________________ que a pesquisa dará certo. (crer)

Bangkok Click Studio/Shutterstock.com

b) Elas ________________ um livro de receitas. (ter)

Zivica Kerkez/Shutterstock.com

c) A família ________________ o filme em 3D. (ver)

Karramba Production/Shutterstock.com

d) Meus pais ________________ jantar em casa hoje. (vir)

BearFotos/Shutterstock.com

CAPÍTULO 22

GRAMÁTICA

Advérbio

Leia a tirinha humorística.

Tirinha com Garfield, de Jim Davis.

As palavras **aí** e **aqui** são advérbios.

Advérbio é a palavra invariável que modifica o verbo, o adjetivo ou outro advérbio, acrescentando-lhe circunstâncias de tempo, lugar, modo, intensidade, negação, afirmação ou dúvida.

Veja abaixo alguns exemplos de **advérbios**.

Significado	Advérbios
Afirmação	sim, certamente, realmente etc.
Dúvida	talvez, acaso, possivelmente, provavelmente etc.
Intensidade	muito, pouco, bastante, tanto, mais, menos, demais etc.
Lugar	aqui, ali, lá, longe, perto, acima, abaixo, atrás, adiante etc.
Modo	melhor, pior, bem, assim, devagar, depressa, alegremente etc.
Negação	não, tampouco, jamais etc.
Tempo	hoje, ontem, amanhã, sempre, já, nunca, tarde, cedo etc.

Quando empregados em frases interrogativas, os advérbios recebem o nome de **advérbios interrogativos**.

Os advérbios interrogativos exprimem **circunstâncias**:

Krakenimages.com/Shutterstock.com

- de causa: por que.
  Exemplo: **Por que** você chegou atrasado?
- de lugar: onde.
  Exemplo: **Onde** está a professora de pintura?
- de modo: como.
  Exemplo: **Como** vamos subir até lá?
- de tempo: quando.
  Exemplo: Você sabe **quando** ele volta?

> Muitas vezes, um conjunto de palavras exprime o valor de um advérbio. Nesse caso, temos uma **locução adverbial**.

Exemplos de **locuções adverbiais**: com calma, com certeza, de maneira alguma, de manhã, à noite, de repente, frente a frente, sem dúvida etc.

Graus do advérbio

São dois os **graus** do advérbio:

- grau comparativo;
- grau superlativo.

O grau **comparativo** pode ser:

a) de igualdade.

tão + advérbio + quanto ou como

Exemplo:
Ele age **tão educadamente quanto** o pai.

Image Source/iStockphoto.com

b) de superioridade.

mais + advérbio + que (do que)

Exemplo:
João acorda **mais cedo que** a irmã.

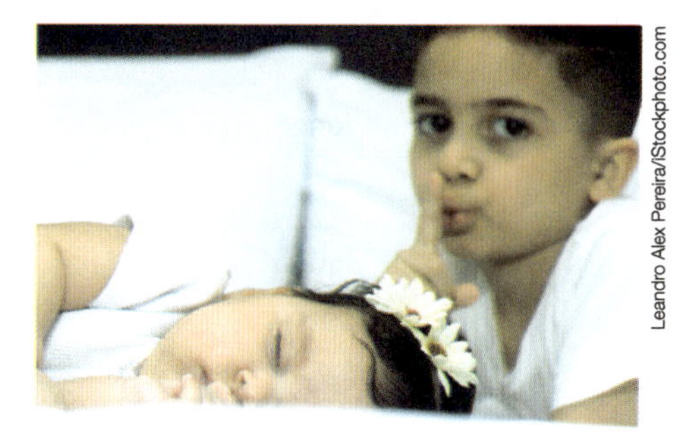
Leandro Alex Pereira/iStockphoto.com

c) de inferioridade.

menos + advérbio + que (do que)

Exemplo:

Alice canta **menos alto que** Leonardo.

New Africa/Shutterstock.com

O **grau superlativo** pode ser:

- **sintético**: quando a presença do sufixo indicar o grau.

  Exemplo:

  Minha amiga é **esforçadíssima**.

- **analítico**: quando a indicação de aumento é feita por outro advérbio.

  Exemplo:

  Minha amiga é **muito esforçada**.

  Na linguagem popular, é muito comum o uso do sufixo **-inho** no advérbio para indicar o **superlativo**.

  Exemplos:

  Os garotos estão **pertinho** daqui. (muito perto)

  O cachorro e o gato dormem **juntinhos**. (muito junto)

ATIVIDADES

1. Sublinhe os advérbios das frases e classifique-os.

   a) Todos na família estão bem de saúde. ______________________

   b) Preciso sair cedo para não chegar atrasado. ______________________

   c) Os pratos estão dentro do armário. ______________________

   d) Possivelmente iremos à festa. ______________________

   e) Os candidatos estavam muito nervosos. ______________________

2. Ligue os advérbios à sua classificação correta.

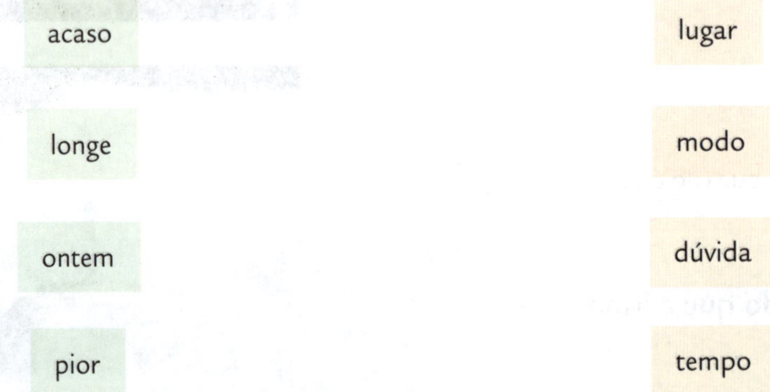

3. Leia a curiosidade abaixo.

FAZ MAL BEBER ÁGUA DO MAR?

Sim! Beber água do mar em grande quantidade **não** só faz **mal** como pode matar. Ela possui muito cloreto de sódio (sal de cozinha), além de outros sais, que, em grande quantidade **no corpo humano**, causam desidratação. Ou seja, beber água do mar faz o corpo precisar de mais água! Alguns desses sais ainda irritam o intestino e causam diarreia, que piora a desidratação. Mas isso tudo só aconteceria se você bebesse **muito** desse líquido – o que é bem diferente de engolir um **pouco** dessa água quando você toma um caldo **na praia**.

FAZ mal beber água do mar? *Revista Recreio*, São Paulo, ano 15, n. 804, p. 4, [20--].

- Copie, nas tabelas abaixo, os advérbios e as locuções adverbiais em destaque no texto.

Advérbio	Classificação

Locução adverbial	Classificação

4. Reescreva as frases substituindo o advérbio pelo seu antônimo.

a) Ele nunca vai à feira sozinho.

____

b) Todos falaram muito sobre o ocorrido.

____

c) Conversaremos depois com eles.

____

d) Flávia e Isadora caminham devagar.

____

5. Leia a resenha a seguir.

"SOUL" É UM DOS MELHORES DA PIXAR E VAI CONQUISTAR FÃS DE "DIVERTIDA MENTE"

Prepare a pipoca e os lenços: "Soul" é, facilmente, um dos melhores da Pixar. O filme chegou ao Disney+ hoje, sem passar pelos cinemas por causa do coronavírus, e tem tudo para conquistar o público que se emocionou muito com "Divertida Mente" (2015, do mesmo estúdio).

Cartaz de divulgação do filme *Soul*, da produtora Pixar (2020).

É uma história profunda, delicada e sensível sobre o sentido da vida. Joe Gardner (dublado por Jamie Foxx no áudio original) é um professor de música que sonha em deixar sua marca no *jazz* e consegue uma oportunidade de ouro, mas perde a chance de sua vida – literalmente – ao sofrer um acidente.

Sim, o filme faz a gente lidar com o assunto "morte" muito mais rapidamente do que outros da Disney, até mesmo mais cedo do que "Bambi" (1942). As crianças ainda vão se divertir com a aventura, mas o alvo da Pixar é você, adulto.

Eles querem te fazer chorar de novo.

Joe perde o corpo e vira uma alma (semifantasmagórica, com tons em azul e outras cores), mas consegue escapar do "além". O problema é que ele vai parar no plano espiritual em que as novas almas são formadas para virem à Terra; e lá, Joe conhece 22 (Tina Fey), uma alma que não quer viver.

São dois contrastes simultâneos e interessantes. O contraste emocional. O que Joe mais quer é voltar à vida, mas 22 tem pavor de nascer. O contraste visual: o mundo das almas é minimalista e relativamente tranquilo; por outro lado, o dos vivos (em Nova York) é barulhento, caótico e cheio de detalhes.

[...]

"Soul" é mesmo um filme com "alma", e a jornada de Joe é ótima para encerrar um 2020 tão difícil. Além disso, é um bom lembrete para a gente proteger os entes queridos do coronavírus no fim de ano: por mais que o *jazz* ou a folia sejam tentadores, nada importa mais do que a luta pela vida.

Ana Carolina Silva. "Soul" é um dos melhores da Pixar e vai conquistar fãs de "Divertida Mente". *UOL*, São Paulo. 25 dez. 2020. Disponível em: www.uol.com.br/splash/noticias/2020/12/25/soul-e-um-dos-melhores-da-pixar-e-vai-conquistar-fas-de-divertida-mente.htm. Acesso em: 21 jun. 2022.

a) A resenha foi escrita para falar de qual filme?

____

b) Segundo a resenha, qual é a história representada no filme?

____

____

____

____

c) Releia o trecho a seguir.

> Prepare a pipoca e os lenços: "Soul" é, facilmente, um dos melhores da Pixar. O filme chegou ao Disney+ hoje, sem passar pelos cinemas por causa do coronavírus, e tem tudo para conquistar o público que se emocionou muito com "Divertida Mente" (2015, do mesmo estúdio).

- Sublinhe as partes que revelam a opinião da autora da resenha sobre o filme.
- Essa opinião é positiva ou negativa? Transcreva outro trecho do texto que comprove sua resposta.

____

____

____

d) Leia o trecho abaixo e copie os adjetivos empregados para revelar a opinião da autora sobre o filme.

> É uma história profunda, delicada e sensível sobre o sentido da vida. Joe Gardner (dublado por Jamie Foxx no áudio original) é um professor de música que sonha em deixar sua marca no *jazz* e consegue uma oportunidade de ouro, mas perde a chance de sua vida - **literalmente** - ao sofrer um acidente.

____

- Observe o advérbio em destaque no trecho. Qual dos advérbios abaixo poderia substituí-lo mantendo o sentido?

☐ forçadamente

☐ realmente

☐ tranquilamente

e) Qual é a finalidade da resenha?

____

f) Assinale alguns dos argumentos usados pela autora para alcançar seu objetivo.

☐ O filme cria um efeito de suspense que prende a atenção do começo ao fim.

☐ O filme diverte e emociona crianças e adultos, embora o alvo da produtora do filme sejam os adultos.

☐ O filme conta a história real de um famoso músico de *jazz*.

☐ É uma história profunda, delicada e sensível sobre o sentido da vida.

☐ É um filme com "alma" cuja história é ótima para encerrar um ano tão difícil como foi 2020.

☐ O filme não apresenta muitos artifícios emocionais para prender a atenção do espectador.

g) Observe o trecho abaixo.

> O mundo das almas é minimalista e **relativamente** tranquilo; por outro lado, o dos vivos (em Nova York) é barulhento, caótico e cheio de detalhes.

- A palavra **relativamente** é um advérbio que indica:

  ☐ lugar.

  ☐ tempo.

  ☐ modo.

6. Escolha três advérbios do quadro abaixo e forme uma frase com cada um deles.

hoje	muito	cedo	somente	onde	jamais	felizmente

____

____

____

____

____

____

7. Leia, a seguir, o poema visual "Como gérmen".

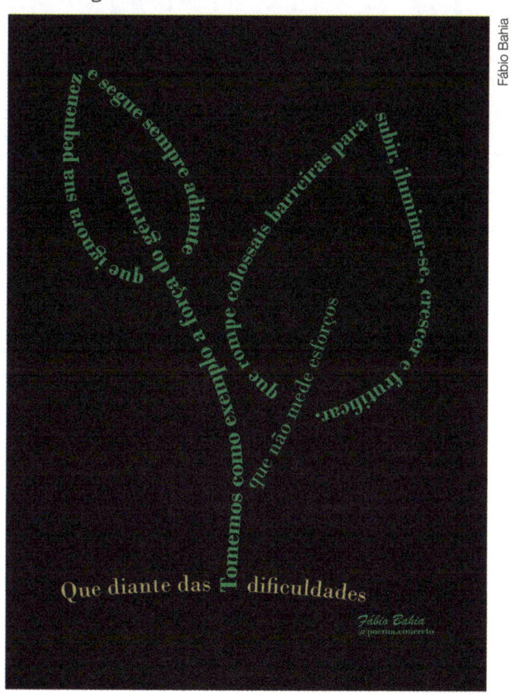

Fábio Bahia. Como gérmen. *Pinterest*, [*s. l.*], [20--]. Disponível em: https://br.pinterest.com/pin/692498880192235876/. Acesso em: 21 jun. 2022.

O autor Fábio Bahia apresentou na internet uma versão do poema "Como gérmen" com movimento, em um pequeno vídeo, mostrando o processo de nascimento e crescimento do gérmen até se tornar uma plantinha. Poemas como esse, em que há recursos de animação, são chamados de ciberpoemas.

a) Nesse poema, o texto forma uma imagem. Que imagem é essa?

____

b) Leia em voz alta o texto do poema.

> Que diante das dificuldades
> Tomemos como exemplo a força do gérmen
> que ignora sua pequenez
> e segue sempre adiante
> que não mede esforços
> que rompe colossais barreiras para
> subir, iluminar-se, crescer
> e frutificar.

- Gérmen é a parte da semente que se transformará em uma nova planta. Segundo o poema, diante das dificuldades, devemos tomar como exemplo "a força do gérmen". O que isso quer dizer?

____

____

c) Qual é a relação entre o assunto do poema e a imagem formada?

____

____

____

____

d) Releia o quarto verso do poema. Qual das palavras/expressões abaixo poderia substituir a palavra **adiante** mantendo o seu sentido?

- [ ] perto
- [ ] em frente
- [ ] junto

- Qual é a classe gramatical da palavra **adiante**?

  ____

- Localize nesses versos um outro advérbio. Copie-o abaixo e classifique-o.

  ____

- Escreva um antônimo do advérbio que você copiou.

  ____

8. Complete as orações com as locuções adverbiais do quadro.

com certeza	de maneira alguma	à vontade
frente a frente	em breve	de repente	à esquerda

a) ____________________ caiu um raio quando estava chovendo.

b) ____________________ eles nos ajudarão a finalizar o projeto.

c) Estivemos ____________________ com a girafa no zoológico.

d) ____________________ deixarei você sozinho esse horário.

e) Vire ____________________ para chegar à prefeitura.

f) Espere aqui e fique ____________________ até eu voltar.

g) ____________________ Camila visitará seus pais em Fortaleza.

Emprego de mal ou mau

Mau é um adjetivo → indica qualidade.
Mal é um advérbio → indica modo.
Usa-se **mau** quando se referir a um substantivo e puder ser substituído por **bom**.
Usa-se **mal** quando se referir a um verbo e puder ser substituído por **bem**.

1. Complete as frases com **mau** ou **mal**.

a) Jogar lixo no chão é um _______________ hábito.

b) Pediu ao amigo que não falasse _______________ das pessoas.

c) Raquel nunca fica de _______________ humor!

d) Evito alimentos que fazem _______________ à saúde.

e) É muito importante afastar-se do _______________ caminho.

f) Dormi muito _______________ essa noite.

2. Reescreva as frases abaixo substituindo as palavras destacadas por **mal** ou **mau**.

a) Esse produto de limpeza tem um **bom** cheiro.

____

b) A ferramenta foi **bem** utilizada na obra.

____

c) Minha madrasta tem um cachorro com um **bom** temperamento.

____

d) Eloise tem um **bom** jeito com crianças.

____

e) Os competidores terminaram **bem** a corrida.

____

f) Fiz **bem** em replantar as flores do jardim.

____

3. Leia um trecho do conto "O príncipe canário", de Ítalo Calvino.

Era uma vez um rei que tinha uma filha. A mãe da menina morrera e a madrasta sentia muito ciúme da enteada; sempre falava mal dela para o rei.

A moça vivia a se desculpar e a se desesperar; porém, a madrasta tanto falou e tanto fez que o rei, embora afeiçoado à filha, acabou dando razão à rainha e decidiu expulsá-la de casa. Contudo, disse que ela deveria ficar em um lugar no qual se instalasse bem, pois não admitiria que fosse maltratada.

— Quanto a isso — disse a madrasta —, fique tranquilo, não pense mais no caso.

E mandou encerrar a moça num castelo no meio do bosque. Destacou um grupo de damas da corte e as mandou para lá, a fim de fazer companhia a ela, com a recomendação de que não a deixassem sair, e nem mesmo se aproximar da janela. Naturalmente, lhes pagava salários da casa real.

A moça recebeu um aposento bem montado, podendo beber e comer tudo que quisesse: só não podia sair. Todavia, as damas, muito bem pagas e com tanto tempo livre, nem se preocupavam com ela.

De vez em quando, o rei perguntava à mulher:

— E nossa filha, como vai? O que fez de bom?

A rainha, para mostrar que se interessava pela jovem, foi visitá-la. No castelo, assim que desceu da carruagem, foi recebida pelas damas, dizendo-lhe que ficasse tranquila, que a moça estava muito bem e era muito feliz. A rainha subiu um momento até o quarto da moça.

— E então, está realmente bem? Não lhe falta nada, não é? Está com uma bela cor, vejo que a aparência é boa. Mantenha-se alegre, hein? Até a próxima. — E foi embora.

Chegando ao castelo, disse ao rei que jamais vira sua filha tão contente. Mas, na verdade, sempre sozinha naquele aposento, pois as damas de companhia jamais lhe davam atenção, a princesa passava os dias tristemente debruçada na janela.

[...]

BRASIL. Ministério da Educação. *Alfabetização*: livro do aluno - Contos tradicionais, fábulas, lendas e mitos. Brasília, DF: MEC, 2000. v. 2, p. 49. Disponível em: www.dominiopublico.gov.br/download/texto/me001614.pdf. Acesso em: 21 jun. 2022.

a) Quais são os personagens que aparecem nesse trecho?

____

b) Quando a história ocorreu? Comprove sua resposta com um trecho do conto.

____

____

c) Releia o excerto abaixo.

> A moça vivia a se desculpar e a se desesperar; porém, a madrasta tanto falou e tanto fez que o rei, embora afeiçoado à filha, acabou dando razão à rainha e decidiu expulsá-la de casa.

- Que traço da personalidade do rei fica evidente nessa parte?

____

____

- Com base no excerto lido, escreva três adjetivos que reflitam a personalidade da madrasta.

____

d) Qual era o tratamento que as damas da corte davam à princesa? Justifique sua resposta com um trecho do conto.

____

____

____

e) Releia o parágrafo a seguir.

> Era uma vez um rei que tinha uma filha. A mãe da menina morrera e a madrasta sentia muito ciúme da enteada; sempre falava **mal** dela para o rei.

- A palavra **mal** modifica o verbo **falava**, indicando o modo como a madrasta se referia à enteada para o rei. Qual é a classe gramatical da palavra **mal**?

____

- Suponha que, ao contrário do que foi narrado na história, a madrasta gostasse muito da enteada. Complete a lacuna abaixo para que o trecho faça sentido.

> Era uma vez um rei que tinha uma filha. A mãe da menina morrera e a madrasta **gostava muito da enteada**; sempre falava
>
> ________________ dela para o rei.

Conjunção

Leia a tirinha.

Dik Browne. *Hagar o terrível*. 2016 King Features Syndicate/Ipress.

Na primeira fala da personagem, a palavra **mas** está ligando orações. Observe:

Mamãe planeja nos visitar. **Mas** ela exigiu uma pequena condição.

1ª oração — 2ª oração

A palavra **mas** é uma conjunção.

> **Conjunção** é a palavra invariável que liga orações ou termos semelhantes em uma mesma oração.

As conjunções classificam-se em:

- **coordenativas**: e, nem, mas, porém, ou, ora... ora, portanto, pois, então etc.
- **subordinativas**: que, como, porque, se, caso, embora, quando etc.

> Duas ou mais palavras que equivalem a uma conjunção são chamadas **locuções conjuntivas**.

Exemplo:

Depois que meu amigo saiu, começou a chover.

Outros exemplos de locuções conjuntivas são: a fim de que, assim que, contanto que, visto que etc.

ATIVIDADES

lapandr/Shutterstock.com

1. Sublinhe as conjunções das frases.

a) Vamos ao teatro porque gostamos muito.

b) Fui ao mercado, mas não encontrei o que eu queria.

c) Não virei para o jantar, portanto não me esperem.

d) Mateus e Francine são amigos desde pequenos.

e) O gato ora mia, ora brinca.

2. Complete as frases com as conjunções do quadro.

nem por isso mas e quando

a) Ele não apareceu ____________________ deu satisfações.

b) Treinou muito durante as aulas, ____________________ conseguiu vencer a corrida.

c) ____________________ cheguei à escola, escutei o sinal para entrarmos na sala de aula.

d) Eduardo chegou em casa ____________________ já saiu para outro compromisso.

e) Fizemos o pedido, ____________________ o garçom não trouxe um dos sucos.

3. Observe as imagens e complete as frases com as conjunções do quadro abaixo.

porém quando que

a) 
MH-Lee/Shutterstock.com

Marcela disse ____________________ a água da piscina está quente.

b) 
fizkes/Shutterstock.com

____________________ o bolo estiver pronto, faremos a cobertura.

c) 
Ground Picture/Shutterstock.com

Queria viajar, ____________________ estou doente.

4. Leia o texto a seguir.

O Leão e o Mosquito

O Leão ia de um lugar a outro e balançava a juba, mas o Mosquito não parava de incomodá--lo. Além das ferroadas, o zum-zum-zum parecia não ter fim. O inseto, para piorar a situação, provocou a fera:

— Eu não tenho medo do rei da selva!

Mal acabou de falar, iniciou um voo rasante e picou o focinho do grande animal, que, indignado, deu mordidas no ar. No desespero, o felino passou a se machucar com as próprias garras.

O pernilongo intensificou os ataques com o seu zum--zum-zum... O Leão urrou e, exausto, rendeu-se.

O Mosquito foi embora, dizendo a todos que havia derrotado o mais temível predador da floresta. Porém, o orgulhoso, distraído com a glória, acabou preso em uma teia de aranha.

Bruna Ishihara

BRASIL. Ministério da Educação. *O corvo e o jarro e outras histórias*. Brasília, DF: MEC, 2020. p. 5-7. (Conta pra Mim). Disponível em: https://documentcloud.adobe.com/link/track?uri=urn:aaid:scds:US:8aa054df-9025-4b37-9948-6743052059bd. Acesso em: 21 jun. 2022.

a) Quais são os personagens dessa fábula?

____

b) Releia o terceiro parágrafo do texto. Que palavras ou expressões foram usadas para evitar a repetição da palavra **Leão**?

____

c) Assinale a alternativa que indica a moral dessa fábula.

- [ ] É fácil desprezar o que não se consegue conquistar.
- [ ] Nem sempre são invencíveis os vitoriosos.
- [ ] Quem segue devagar e com constância sempre chega na frente.
- [ ] O verdadeiro amigo nos oferece ajuda nos momentos difíceis.

d) Releia o trecho abaixo.

> O Leão ia de um lugar a outro e balançava a juba, **mas** o Mosquito não parava de incomodá-lo.

- Quais foram as duas ações realizadas pelo Leão?

____

- Qual é a palavra que liga essas duas ações executadas pelo Leão? Qual é a classe gramatical dela?

____

- Nesse trecho, o Leão anda de um lado para o outro, mas, mesmo assim, não consegue se livrar de um problema. Que problema é esse?

____

- A conjunção **mas** estabelece qual relação com a primeira parte do trecho ("O Leão ia de um lugar a outro e balançava a juba")? Assinale a resposta correta.

☐ Relação de alternância.

☐ Relação de oposição.

☐ Relação de adição.

5. Preencha o diagrama com as conjunções do quadro.

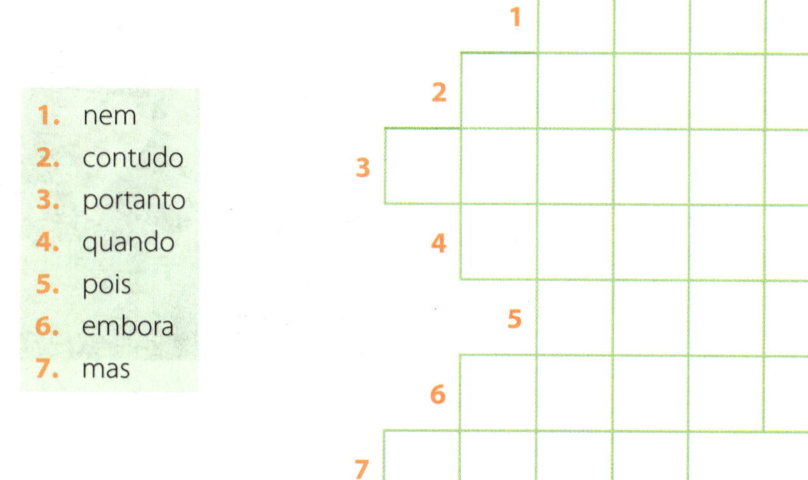

- Agora, escolha duas das conjunções do quadro e escreva uma frase com cada uma delas.

____

____

ORTOGRAFIA

Emprego de mais ou mas

Leia as frases abaixo:

- Paulo queria **mais** um pedaço de torta.

A palavra **mais** indica quantidade. É um **advérbio**.

- A torre balançou, **mas** não caiu.

A palavra **mas** é o mesmo que **porém**. É uma **conjunção**.

1. Complete as frases com **mas** ou **mais**.

a) Jonas pediu ______________ um pouco de gelo para colocar em seu suco.

b) Ela procurou a blusa no armário, ______________ não a encontrou.

c) Maria ia desistir, ______________ resolveu tentar ______________ uma vez.

d) Diogo queria ficar ______________ tempo, ______________ não podia.

e) A árvore deu ______________ frutos na última primavera.

2. Assinale a opção em que o uso de **mas** ou **mais** está correto.

a) ☐ Ana comprou mas limão para fazer a sobremesa.

☐ Ana comprou mais limão para fazer a sobremesa.

b) ☐ Queriam ir ao cinema, mas foram ao teatro.

☐ Queriam ir ao cinema, mais foram ao teatro.

c) ☐ Precisou falar mais alto para que todos ouvissem.

☐ Precisou falar mas alto para que todos ouvissem.

d) ☐ Nós cansamos de esperar, mais não ficamos chateados.

☐ Nós cansamos de esperar, mas não ficamos chateados.

e) ☐ O *show* estava mais cheio do que Lucas esperava.

☐ O *show* estava mas cheio do que Lucas esperava.

Brastock/Shutterstock.com

Halfpoint/Shutterstock.com

3. Leia o trecho da notícia a seguir.

CHIMPANZÉ ESCAPA DE ZOOLÓGICO NA AUSTRÁLIA E RETORNA POR CONTA PRÓPRIA

Um chimpanzé fugiu do Zoológico de Taronga, em Sydney, na Austrália, na manhã de ontem. Mas o primata surpreendeu a todos e conseguiu achar o caminho de volta logo depois, informou a instituição em comunicado.

De acordo com o zoológico, um empreiteiro que trabalhava no local avistou o chimpanzé por acaso. O peludo estava calmo e sentado do lado de fora do recinto dos macacos, por volta das 5h47 (horário local).

Uma equipe de emergência do zoológico foi alertada sobre a situação, mas antes mesmo que as autoridades trabalhassem para capturar o animal fugitivo, ele retornou por conta própria para a área onde vivia.

[...]

CHIMPANZÉ escapa de zoológico na Austrália e retorna por conta própria. *UOL*, São Paulo. 29 jan. 2021. Disponível em: https://noticias.uol.com.br/internacional/ultimas-noticias/2021/01/29/chimpanze-escapa-de-zoologico-na-australia-e-retorna-por-conta-propria.htm. Acesso em: 15 jun. 2022.

a) Quem participou do acontecimento?

____

b) Para dar coesão ao texto, o jornalista evitou repetir muitas vezes a palavra **chimpanzé**. Identifique e copie os sinônimos usados por ele no lugar desse termo.

____

c) Releia o parágrafo a seguir.

> Um chimpanzé fugiu do Zoológico de Taronga, em Sydney, na Austrália, na manhã de ontem. **Mas** o primata surpreendeu a todos e conseguiu achar o caminho de volta logo depois, informou a instituição em comunicado.

- Observe a palavra **mas**, destacada acima. Por qual palavra ela pode ser substituída mantendo o sentido do parágrafo?

☐ portanto

☐ porém

☐ quando

CAPÍTULO 24

Preposição

Leia o cartaz de divulgação deste filme de animação.

Cool Beans/Paris Filmes

No título *Ainbo: A guerreira da Amazônia*, a palavra **da** é uma **preposição**.

> **Preposição** é a palavra invariável que liga duas palavras ou expressões, estabelecendo uma relação entre elas.

As **preposições** podem ser:

- **essenciais**: a, até, após, com, contra, de, desde, em, entre, para, por, sem, sob, sobre etc.;
- **acidentais**: são palavras que podem funcionar como preposições, embora não sejam realmente preposições. Entre elas, destacamos: afora, conforme, durante, exceto, salvo etc.

Locução prepositiva

Chamam-se **locuções prepositivas** as preposições formadas por mais de uma palavra.

São locuções prepositivas: abaixo de, acerca de, a fim de, além de, ao lado de, apesar de, através de, de acordo com, em vez de, junto de, para com, perto de etc.

As preposições **a**, **de**, **em** e **per** podem aparecer ligadas a artigos, pronomes e advérbios, formando as contrações e combinações.

Exemplo:

Estávamos **nesse** jogo.

xavierarnau/iStockphoto.com

Na palavra **nesse**, houve a ligação da preposição **em** com o pronome **esse**.

Veja algumas contrações e combinações das preposições **a**, **de**, **em** e **per** com artigos, pronomes e advérbios.

Locuções prepositivas	Preposição	Artigo	Pronome	Advérbio
ao	a	o	-	-
à	a	a	-	-
da	de	a	-	-
do	de	o	-	-
dele	de	-	ele	-
dela	de	-	ela	-
desse	de	-	esse	-
dessa	de	-	essa	-
disso	de	-	isso	-
deste	de	-	este	-
desta	de	-	esta	-
disto	de	-	isto	-
daquele	de	-	aquele	-
daquela	de	-	aquela	-
daquilo	de	-	aquilo	-
daí	de	-	-	aí
daqui	de	-	-	aqui
dali	de	-	-	ali
donde	de	-	-	onde

Locuções prepositivas	Preposição	Artigo	Pronome	Advérbio
no	em	o	-	-
na	em	a	-	-
num	em	um	-	-
nesse	em	-	esse	-
nisso	em	-	isso	-
nisto	em	-	isto	-
naquilo	em	-	aquilo	-
naquele	em	-	aquele	-
naquela	em	-	aquela	-
nele	em	-	ele	-
pelo	per	o	-	-
pela	per	a	-	-

O **a** será preposição geralmente quando tiver valor de **para**.

Exemplo:

Vamos **para** Santos na próxima semana.
Vamos **a** Santos na próxima semana.

Como preposição, o **a** pode juntar-se ao artigo definido **a**. A essa fusão dá-se o nome de **crase**.

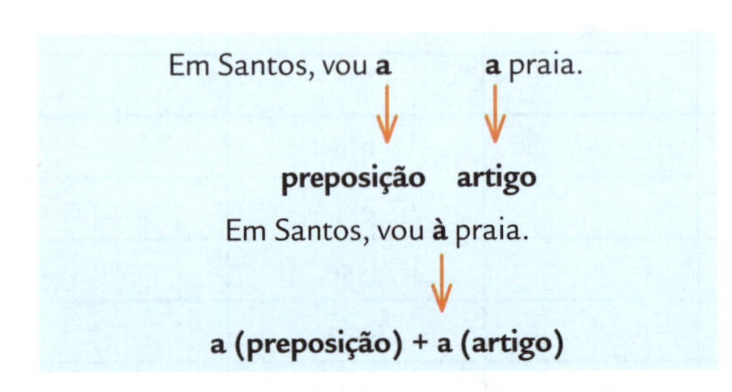

Gisellelfissak/iStockphoto.com

A indicação da crase é feita com o acento grave (`). A preposição **a** também pode juntar-se aos pronomes demonstrativos **aquele**, **aquela** e **aquilo**.

Exemplos:

O senhor Antônio vai **a aquela** feira todos os sábados.
↓
O senhor Antônio vai **àquela** feira todos os sábados.

Caftor/Shutterstock.com

ATIVIDADES

1. Sublinhe as preposições das frases.

Skycolors/Shutterstock.com

a) O avião passou sobre a cidade.

b) Não vejo ele desde ontem.

c) Meu tio está em Salvador.

d) O tesouro está escondido entre duas árvores.

e) Estou indo para a casa do meu avô.

f) Joaquim saiu com seu amigo.

g) Gosto de leite sem chocolate.

h) Vamos brincar após a aula.

2. Complete as frases com preposições adequadas.

a) Jogamos ______________________ o time de vermelho no campeonato de basquete.

b) Coloque a cobertura ______________________ o sorvete, por favor.

c) ______________________ os estudos, posso sair para brincar.

d) Fomos ______________________ o estádio novo da cidade.

e) Ficamos ______________________ energia elétrica em casa.

f) Quer conversar ______________________ nossa leitura da semana?

g) Alan veio ao trabalho ______________________ ônibus.

h) Mayara e sua irmã foram ______________________ a escola com sua mãe.

i) Meus primos vieram me buscar ______________________ casa para irmos ao piquenique.

> **ATENÇÃO**
>
> **Sob** significa **embaixo de**.
>
> **Sobre** significa **em cima de**.

3. Circule o **a** quando for preposição com o significado de **para**.

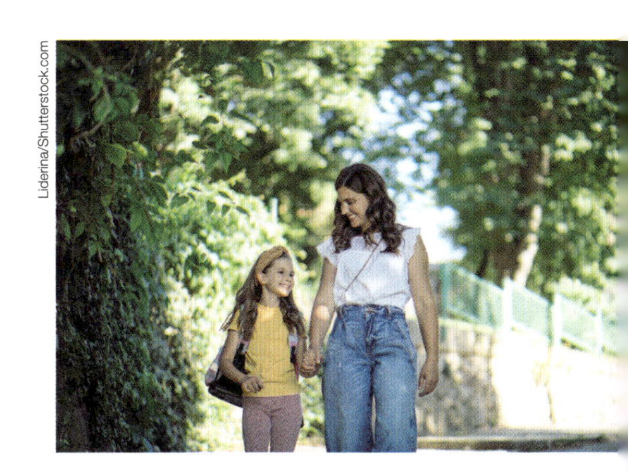
Liderina/Shutterstock.com

a) Alana e sua filha adoram caminhar a pé pela cidade.

b) Enviei o convite do meu aniversário a meus tios.

c) A que horas vamos ao *shopping* hoje?

d) Conte a ele o que você acaba de contar a mim.

e) Iremos a Belo Horizonte nas férias.

f) Lembre-se de entregar uma lembrança a cada um.

g) Meu avô gosta de andar a cavalo na fazenda.

h) Bruna me ligou a fim de conversar sobre a aula de canto.

i) Rita levou os amigos a sua casa na praia no fim de semana.

4. Observe as imagens e escreva uma legenda para cada uma delas usando as preposições **sob** ou **sobre**.

a)

Claudia Marianno

____

____

b)

Claudia Marianno

____

____

5. Empregue o sinal de crase nas frases a seguir.

a) Foram a festa de Carnaval da escola.

b) Vou pedir o bife a milanesa para o almoço.

c) As meninas acordam sempre as sete horas.

d) Fui a São Paulo e a Bahia ano passado.

Bernardo Emanuelle/Shutterstock.com

6. Defina os elementos das contrações. Veja o modelo.

nas = em + as

a) nos = ______________

b) dessa = ______________

c) ao = ______________

d) dos = ______________

e) daqui = ______________

f) no = ______________

g) na = ______________

h) das = ______________

i) aos = ______________

j) à = ______________

k) dela = ______________

l) aonde = ______________

7. Complete as frases com as locuções prepositivas do quadro abaixo.

a fim de	apesar de
em vez de	de acordo com

a) Sempre que possível, como frutas ______________ doces na sobremesa.

b) ______________ estar um dia nublado, vamos passear.

c) ______________ o gabarito, errei apenas um teste.

d) Estude frequentemente ______________ fixar bem a matéria.

8. Leia as regras do jogo a seguir.

Adedonha ou Stop

A brincadeira pode ter qualquer número de participantes. Precisa-se apenas de papel, caneta ou lápis.

Faz-se uma lista ou quadro com 11 colunas e acima de cada uma coloca-se um dos seguintes itens: nome de pessoa, lugar, animal, cor, marca de carro, artista, fruta, verdura, flor, objeto, filme.

Sorteia-se uma letra e marca-se um tempo máximo (dois ou três minutos). Cada participante terá que preencher todos os itens com palavras iniciadas pela letra sorteada. Exemplo: se a letra sorteada for A:

nome	lugar	animal	cor	carro	artista	fruta
Ana	Alemanha	anta	amarelo	Audi	Angélica	abacaxi

Quem preencher todos os itens primeiro, mesmo sem utilizar todo o tempo predeterminado, grita "Stop" e a rodada acaba. Ninguém pode escrever mais nada. Faz-se, então, a contagem dos itens preenchidos por participante. Cada item preenchido vale 10 pontos. Se mais de um participante tiver colocado a mesma palavra para um determinado item, em vez de 10 só terá 5 pontos cada um. Ganha o jogo quem obtiver maior número de pontos.

Branimir76/iStockphoto.com

Lúcia Gaspar e Virgínia Barbosa. Jogos e brincadeiras Infantis populares. *Fundação Joaquim Nabuco*, Recife, c2022. Disponível em: http://basilio.fundaj.gov.br/pesquisaescolar/index.php?option=com_content&view=article&id=372. Acesso em: 21 jun. 2022.

a) Você já conhecia esse jogo? Se não, você acha possível jogá-lo sem conhecer as suas regras?

____

____

b) Qual é a finalidade desse texto?

____

c) De acordo com o texto, o que é necessário para jogar "Stop"?

____

d) Qual é o critério para declarar o vencedor?

e) Releia o trecho a seguir.

> Cada participante terá que preencher todos os itens com palavras iniciadas pela letra sorteada.

- Escreva as preposições presentes nesse trecho.

f) Releia mais este trecho.

> Quem preencher todos os itens primeiro, mesmo sem utilizar todo o tempo predeterminado, grita "Stop" e a rodada acaba. Ninguém pode escrever mais nada. Faz-se então a contagem dos itens preenchidos por participante. Cada item preenchido vale 10 pontos.

- Copie do trecho uma preposição que está combinada com um artigo definido.

g) Observe as palavras destacadas no trecho a seguir.

> **Se mais de um participante** tiver colocado a mesma palavra para um determinado item, em vez de 10 só terá 5 pontos cada um. Ganha o jogo quem obtiver maior número de pontos.

- Se em vez de "Se mais de um participante" fosse "Se dois participantes", como ficaria o trecho?

- Copie abaixo a locução prepositiva desse trecho.

- Que expressão pode substituir essa locução prepositiva sem alterar o sentido do trecho? Assinale a resposta correta.

- [ ] além de
- [ ] em lugar de
- [ ] apesar de

GRAMÁTICA

Interjeição

Leia a tirinha.

Alexandre Beck. [Sem título]. *Armandinho*, [*s. l.*], 5 fev. 2016. Disponível em: https://tirasarmandinho.tumblr.com/post/138722774404/tirinha-original. Acesso em: 22 jun. 2022.

A palavra **ah**, que aparece no primeiro quadrinho, foi usada para exprimir uma sensação de surpresa. **Ah** é uma **interjeição**.

Interjeição é a palavra invariável usada para exprimir sensações, emoções e sentimentos.

As interjeições podem expressar sentimentos e emoções variadas. Veja exemplos.

Significados	Interjeições
Advertência	Cuidado! Atenção! Calma!
Alegria, surpresa	Ah! Oh! Oba!
Alívio	Ufa!
Animação	Coragem! Eia! Vamos!
Aplauso	Bravo! Bis!
Chamamento	Oi! Olá! Psit!
Desejo	Oxalá! Tomara!
Dor	Ai! Ui!
Espanto	Puxa! Oh! Xi! Uai! Ué!
Irritação	Arre! Ara!
Silêncio	Psiu! Silêncio! Quieto!
Terror, medo	Uh! Que horror! Credo!

As interjeições geralmente são acompanhadas de **ponto de exclamação** ou **interrogação**. A pontuação reforça a ideia que a interjeição quer expressar.

Quando a interjeição é expressa por mais de uma palavra, recebe o nome de **locução interjetiva**.

Exemplos: Minha nossa! / Quem me dera!

ATIVIDADES

1. Circule as interjeições e classifique-as.

a) Cuidado! Atravesse na faixa de pedestres. ______________________

b) Ufa! Que bom que chegamos a tempo. ______________________

c) Psiu! Não façam barulho aqui dentro. ______________________

d) Bravo! A apresentação foi ótima! ______________________

e) Oba! Vamos tomar sorvete no parque! ______________________

2. Escolha no quadro a interjeição adequada para completar as frases.

Olá! Ui! Bis! Oh! Ué!

a) ____________ Por onde você andava?

b) ____________ Tropecei e quase caí.

c) ____________ Que belo desenho!

d) ____________ Por que você está tão calado?

e) ____________ Gostei muito da canção!

Silvia Moraleja/Shutterstock.com

3. Observe as imagens e escreva uma frase para cada uma delas empregando uma interjeição adequada.

a) ______________________

____

____

Zoriana Zaitseva/Shutterstock.com

b) ______________________

____

____

wavebreakmedia/Shutterstock.com

4. Leia a tirinha a seguir.

Tirinha com a Turma da Mônica, de Mauricio de Sousa, publicada em 2020.

a) No primeiro quadrinho, qual era a intenção do Cebolinha ao ver a Mônica? Justifique sua resposta com os elementos verbais e não verbais presentes nesse quadrinho.

b) No primeiro quadrinho, o que a interjeição **HÊ, HÊ, HÊ!** expressa?

c) Qual era o estado emocional da Mônica nesse primeiro quadrinho? Justifique sua resposta com elementos da tirinha.

d) O que acontece com o Cebolinha no segundo quadrinho?

e) Que som a onomatopeia **CHUNF!** imita no segundo quadrinho?

f) No terceiro quadrinho, o Cebolinha mantém a intenção que tinha no primeiro quadrinho? Justifique sua resposta.

ORTOGRAFIA

Emprego de há ou a

Na indicação do tempo, emprega-se:

- **há** para indicar **tempo passado** (equivale a **faz**);
- **a** para indicar **tempo futuro**.

Exemplos:

Tempo passado
- **Há** dez anos vim para esta cidade.
- Ele pratica esportes **há** muitos anos.

Tempo futuro
- Daqui **a** um mês chegará o Natal.
- Estamos **a** cinco dias do início das aulas.

1. Use **há** ou **a** para completar corretamente as frases.

a) Estamos ____________ poucos minutos da chegada!

b) Esta história aconteceu ____________ muito anos.

c) Estaremos juntos daqui ____________ cinco meses.

d) O trem chegará daqui ____________ dez minutos.

e) ____________ duas semanas espero essa ligação.

f) Foi ____________ cinco minutos o intervalo do jogo.

fotoliza/Shutterstock.com

Jaromir Chalabala/Shutterstock.com

2. Complete os espaços com **há** ou **a**.

____________ muito tempo que Paulo desejava ganhar um novo par de tênis. Ele sabe que daqui ____________ alguns meses seu pé terá crescido e o tênis não lhe servirá mais. Assim, ele irá doá-lo a alguém que possa usá-lo!

3. Escreva frases sobre sua vida com as palavras **há** e **a**.

a) **há**

____

b) **a**

____

4. Leia um trecho do conto de fadas "O Flautista de Hamelin".

O Flautista de Hamelin

Há muitos anos, a rica cidade de Hamelin prosperava com seu comércio de grãos, banhada por um caudaloso rio. Isso atraiu muitos moradores e fomentou tanto a construção de moinhos como a abertura de confeitarias.

Os celeiros estavam cheios de milho, trigo e cevada. Mas sabe o que aconteceu?

Como os habitantes não se preocupavam muito com a limpeza, não tardou para que as ruas fossem tomadas por ratos. Eram tantos que não se podia mais assar um bolo, tomar um banho ou conversar com os amigos longe da indesejável companhia.

Aflitos, todos exigiam providências do prefeito. Porém, nada se fazia. Foi quando decidiram cavar um buraco, onde jogariam todo o lixo.

Mas logo os ratos passaram a se alimentar daqueles detritos. Das casas, não paravam de sair pequenos roedores, vermes e diversas espécies de parasitas.

Que desespero! Parecia que a população seria devorada pelos bichos, que não paravam de se multiplicar. Por essa razão, os cidadãos saíram às ruas a gritar:

— Sem ratos ou nada feito! Sem ratos ou sem prefeito!

Com os protestos, a assembleia se reuniu às pressas. Depois de horas de discussão, os governantes decretaram estado de calamidade pública. Como se isso não bastasse, ofereceram também mil moedas de ouro como recompensa a quem livrasse Hamelin dos roedores.

No outro dia, apareceu um jovem de olhos brilhantes, vestindo roupas coloridas. Ele visitou o porto e reconheceu os silos de milho e os montes de lixo. Andou até a praça central, pegou sua flauta e começou a tocar.

[...]

mustafa kocabas/Shutterstock.com

BRASIL. Ministério da Educação. *O Flautista de Hamelin*. Brasília, DF: MEC, 2020. p. 3-9. (Conta pra Mim). Disponível em: https://documentcloud.adobe.com/link/track?uri=urn:aaid:scds:US:2720e92e-a170-48d8-8889-2a939118bf21. Acesso em: 2 jun. 2022.

a) Quais são os personagens que aparecem nesse trecho?

____

____

b) O que fez a cidade de Hamelin prosperar e atrair cada vez mais moradores?

____

____

c) O progresso da cidade acabou atraindo um grave problema. Qual foi esse problema e por que ocorreu?

____

____

____

d) Onde e em que época se passa a história?

____

____

____

e) O texto é narrado em primeira ou terceira pessoa? O narrador participa dos acontecimentos? Justifique sua resposta com um trecho do texto.

____

____

____

f) Releia o trecho.

> Que desespero! Parecia que a população seria devorada pelos bichos, que não paravam de se multiplicar. Por essa razão, os cidadãos saíram às ruas a gritar:
>
> — Sem ratos ou nada feito! Sem ratos ou sem prefeito!

- Sublinhe com dois traços a reprodução da fala dos personagens e com um traço a fala do narrador.
- No trecho que você sublinhou com dois traços, o narrador reproduz a fala de quem?

  ____

- Copie o verbo de elocução empregado pelo narrador para indicar a fala dos cidadãos da cidade.

  ____

- A fala reproduzida é própria do discurso direto ou indireto?

  ____

g) Releia o trecho a seguir.

> **Há** muitos anos, a rica cidade de Hamelin prosperava com seu comércio de grãos, banhada por um caudaloso rio.

- A palavra **Há**, em destaque acima, indica um fato ocorrido no passado ou que ainda vai acontecer?

____

- Qual das palavras ou expressões abaixo pode substituir "Há muitos anos" mantendo o sentido?

☐ Depois de muitos anos.

☐ Daqui a muitos anos.

☐ Faz muitos anos.

- Complete as frases a seguir com **há** ou **a**. Depois, assinale a frase que narra algo que ocorreu no passado e ainda ocorre no presente.

☐ Daqui ____________ dois anos, Tiago irá se formar na universidade.

☐ Estamos ____________ dez minutos do centro da cidade.

☐ O Festival da Uva ocorre nesta região ____________ muito tempo.

5. Observe as imagens e escreva uma frase para cada uma delas usando **há** ou **a**.

a) Monkey Business Images/Shutterstock.com

____

____

____

b) Ground Picture/Shutterstock.com

____

____

____

c) fizkes/Shutterstock.com

____

____

____

CAPÍTULO 25

GRAMÁTICA

Frase, oração e período

Leia o trecho abaixo.

— Alô, Bruna? — perguntou do outro lado uma voz soprada ao telefone, quase que incompreensível.

— Sim, é a Bruna quem está falando. Que voz estranha... Quem é? — respondeu a menina, toda encabulada.

— É a Júlia, sua amiga de escola!

— Que susto, Júlia! O que aconteceu com a sua voz? Você está com algum problema? Precisa de ajuda?

— Nããão... lembra que te falei que ia ao dentista pôr aparelho? Acabei de voltar de lá. Agora estou toda *fashion*, com aqueles elásticos coloridos — disse Júlia com ar de satisfação.

[...]

Marcos Guilherme

Leonardo Mendes Cardoso. *Criança sorridente, feliz e contente*. São Paulo: Editora do Brasil, 2015. p. 4 e 6.

Cada parágrafo do trecho transmite uma mensagem com um sentido.

Esses parágrafos são formados por **frases**.

> **Frase** é qualquer palavra ou conjunto organizado de palavras que transmite uma mensagem.

Quanto ao sentido, a frase pode ser:

- **afirmativa**: quando declara afirmativamente alguma coisa. Exemplos:

> Larissa foi ao *shopping* com a mãe.
> As janelas do quarto são de vidro.

- **interrogativa**: quando pede alguma informação. Exemplos:

O que o senhor deseja?
Mãe, posso visitar meu amigo?

- **exclamativa**: quando comunica emoção, admiração, espanto. Exemplos:

Hoje o dia está tão bonito!
Essa comida está uma delícia!

- **negativa**: quando nega alguma coisa. Exemplos:

Angela não foi à festa de aniversário.
Não pudemos ficar até tarde.

- **imperativa**: quando dá uma ordem, uma orientação ou faz um pedido. Exemplos:

Faça silêncio enquanto estiver na biblioteca.
Após o farol, vire à direita!

As frases são compostas de **orações**.

Oração é a frase ou a parte de uma frase que se organiza com base em um verbo.

Exemplo: Eu **comprei** maçãs na feira.
Nem toda frase constitui uma oração.
As frases que não possuem verbos ou locuções verbais (frases nominais) não são consideradas orações.
Exemplo: Belo trabalho!

Período é a frase formada por uma ou mais orações.

O período pode ser:

- **simples**: quando é formado por uma única oração.
  A oração que forma o período simples é chamada de **oração absoluta**.
  Exemplo:
  Ele **assistiu** ao filme. → um verbo, uma oração.
- **composto**: quando é formado por mais de uma oração.
  Exemplo:
  Marcela **viajou** e **comprou** presentes para a família. → dois verbos, duas orações.

É o **número de verbos** que determina o número de orações do período.
No período composto há mais de um verbo e, portanto, mais de uma oração.

ATIVIDADES

1. Organize as palavras, formando frases afirmativas.

a) no parque brincou Sabrina

____

b) ele com André viajou

____

c) para os colegas comprou Laís bombons

____

d) lavar os ajuda ele sempre a pratos

____

e) aniversário sábado ao iremos de Igor nós

____

f) cheguei eu escola da cedo

____

2. Relacione as frases às suas classificações.

A	frase afirmativa	☐	Feche a porta ao sair.
B	frase negativa	☐	Que surpresa boa!
C	frase imperativa	☐	Não encontrei a gravata.
D	frase exclamativa	☐	A loja estava cheia.
E	frase interrogativa	☐	Você aceita mais suco?

3. Circule os verbos e indique o número de orações de cada período.

a) Valéria irá à loja e depois sairá com Denise. ______________

b) Caetano empresta seus livros a um amigo. ______________

c) Comprei um vestido, fui à festa e me diverti muito. ______________

d) O cachorro se perdeu do dono. ______________

e) Assisti a um filme, caminhei no parque e descansei à tarde. ______________

4. Leia o texto a seguir, que apresenta a opinião de uma pessoa sobre o livro infantil *Vazio*, da autora espanhola Anna Llenas.

LIVRO INFANTIL TRATA PERDAS E COMO DAR NOVO SENTIDO A ELAS

Como podemos tratar de questões complexas como perda e resiliência com crianças? Se lidar com tudo isso pode ser complicado para muitos adultos, o assunto ganha outras proporções quando colocamos os pequenos no turbilhão que é experimentar esses sentimentos e entender como eles transformam a nós mesmos e também ao que está ao nosso redor. Nesse sentido, a autora e ilustradora espanhola Anna Llenas nos convida a refletir sobre esses assuntos com o livro infantil "Vazio", obra que chega às estantes brasileiras com tradução de Silvana Tavano e publicação pela Editora Salamandra. [...]

Editora Salamandra

A obra *Vazio*, de Anna Llenas, ressalta como as dificuldades contribuem para o nosso desenvolvimento emocional.

Debruçando-se sobre a simbologia da perda, o livro tem como figura principal, Júlia, uma menina feliz que, de repente, se vê com um grande vazio que lhe atravessa o corpo. Com uma tristeza sem tamanho pela ausência dupla – do que perdera e do pedaço que agora lhe faltava – a garota sai em busca de diferentes maneiras para voltar a ser como era antes. Foram inúmeras tentativas e diferentes artifícios para se recompor, mas, à medida que aumentava os seus esforços, o efeito acabava sendo o contrário. Até que um dia ouviu uma vozinha dentro de si e, assim, pouco a pouco conseguiu enxergar o valor e a beleza que residia ali no seu incabível vazio.

Anna Llenas constrói a narrativa de vazio por meio de desenhos e colagens que transmitem as emoções de Júlia, de maneira a conquistar a empatia do leitor com aquilo que aflige a garota, assim como compreender o que o vazio passa a representar para ela. Assim, a perda e o renascimento da protagonista nos mostram que os episódios dolorosos também fazem parte do nosso desenvolvimento e que esses acontecimentos acometem a todos nós. [...]

[...]

LIVRO infantil trata perdas e como dar novo sentido a elas. *Resenhando*, [*s. l.*], 12 abr. 2018. Disponível em: www.resenhando.com/2018/04/livro-infantil-trata-perdas-e-como-dar.html. Acesso em: 3 jun. 2022.

a) Segundo a resenha, qual é o assunto tratado no livro *Vazio*?

____

____

b) Releia o trecho abaixo e marque a alternativa adequada.

> Como podemos tratar de questões complexas como perda e resiliência com crianças? Se lidar com tudo isso pode ser complicado para muitos adultos, o assunto ganha outras proporções quando colocamos os pequenos no turbilhão que é experimentar esses sentimentos e entender como eles transformam a nós mesmos e também ao que está ao nosso redor.

- O uso da primeira pessoa do plural gera uma sensação no leitor. Qual seria essa sensação?

☐ Ao usar a primeira pessoa do plural, o autor abre mão da impessoalidade, causando no leitor a sensação de que não está lendo um texto confiável.

☐ Ao se incluir também como leitor do livro, o autor cria no leitor um sentimento de empatia e identificação ao compartilhar sua experiência e impressões a respeito da obra.

c) Em sua opinião, a avaliação do autor da resenha sobre o livro é favorável a essa leitura ou não? Justifique sua resposta com um trecho do texto.

____

____

d) Assinale os argumentos usados pelo autor da resenha para convidar o leitor a ler o livro.

☐ O livro consegue tratar de questões complexas como perda e resiliência do ponto de vista das crianças.

☐ A autora se baseia numa história infantil para falar sobre perda e resiliência para adultos.

☐ A autora Anna Llenas constrói a narrativa do livro por meio de desenhos e colagens que transmitem as emoções de Júlia, conquistando a empatia do leitor.

e) Copie do texto uma frase interrogativa.

____

____

- Qual foi a intenção do autor da resenha ao iniciar o texto com uma pergunta?

____

f) Releia o trecho a seguir.

> Assim, a perda e o renascimento da protagonista nos mostram que os episódios dolorosos também fazem parte do nosso desenvolvimento [...].

- Sublinhe os verbos presentes no trecho.

- Quantas orações há nesse trecho? ______________________________

Por que, por quê, porque e porquê

Usamos:

- **por que**: no início de frases interrogativas ou em frases que indicam dúvida.
- **por quê**: no final de frases interrogativas.
- **porque**: para dar uma explicação.
- **porquê**: com o valor de um substantivo, sempre antecedido por artigo (um porquê/o porquê). Equivale a **o motivo**, **a razão**.

1. Complete as frases, empregando corretamente **por que**, **por quê**, **porque** ou **porquê**.

a) Laura está preocupada ______________________ sua encomenda está atrasada.

b) ______________________ não saímos para brincar antes que comece a chover?

c) Eu não irei viajar ______________________ terei provas na semana em que marcamos.

d) Notei que você não foi ao trabalho anteontem. ______________________?

e) Não entendo o ______________________ de tanto entusiasmo para esse dia.

f) Ninguém sabe ______________________ os jogos da escola foram suspensos.

g) Minha professora me perguntou o ______________________ do meu atraso.

2. Elabore frases interrogativas para as respostas de cada item usando os termos em destaque.

a) por que

____

— Porque o horário de funcionamento é até as 18 horas.

b) porquê

____

— O motivo de tanta pressa é que estamos atrasados.

c) por quê

____

— Não fui porque não estava me sentindo bem.

3. Leia a notícia a seguir.

BRASILEIRO PARTICIPA DA DESCOBERTA DE NOVA ESPÉCIE DE RÉPTIL VOADOR

O fóssil foi encontrado no Líbano

O diretor do Museu Nacional, Alexander Kellner, é um dos autores do artigo que anunciou hoje (29) a descoberta, no Líbano, de uma nova espécie de réptil voador: o pterossauro, o primeiro grupo de vertebrados a desenvolverem o voo ativo. A nova espécie recebeu o nome de *Mimodactylus,* em alusão ao Mineral Museum, Saint Joseph's University em Beirute, no Líbano, instituição onde o material está guardado atualmente.

Junto ao nome do museu, foi acrescido *dactylus,* que em grego significa dígito e a espécie *libanensis,* em homenagem ao Líbano, país onde o exemplar foi encontrado. O *Mimodactylus* pertence a um novo grupo denominado *Mimodactylidae,* que reúne além de *Mimodactylus,* o chinês *Haopterus gracilis.*

Conforme o estudo dos pesquisadores, a nova espécie tinha cerca de 1 metro e 32 cm de uma ponta a outra das asas. O focinho era comparativamente largo e os dentes espaçados e pontiagudos.

[...]

O fóssil foi encontrado entre rochas formadas há aproximadamente 95 milhões de anos, durante o Cenomaniano. Na época, o Líbano fazia parte de um imenso continente reunindo também a península arábica e a África. No aspecto científico, de acordo com Kellner, esse animal é o mais completo de uma região que tem poucos répteis voadores. "Ele é completo, tem um crânio, tem absolutamente todas as partes, o que a gente até agora nunca tinha encontrado", contou na entrevista.

O diretor acrescentou que o animal pertence a um novo grupo e tem dentição característica, que poderia ser usada para se alimentar de insetos ou de crustáceos, o que acabou registrado no artigo. "A gente optou por crustáceos, porque este animal é bem largo na frente do seu bico, o que o diferencia de todos os outros pterossauros", completou.

[...]

O artigo tem participação de pesquisadores de vários países, sendo que três são do Museu Nacional. Além do diretor, é assinado pelo aluno espanhol de doutorado do Programa de Pós-graduação em Zoologia do Museu Nacional, Borja Holgado e pela paleontóloga e pesquisadora da Universidade Federal de Pernambuco e colaboradora do Museu Nacional, Juliana Sayão. [...]

Cristina Índio do Brasil. Brasileiro participa da descoberta de nova espécie de réptil voador. *Agência Brasil*, Rio de Janeiro, 29 nov. 2019. Disponível em: https://agenciabrasil.ebc.com.br/geral/noticia/2019-11/brasileiro-participa-da-descoberta-de-nova-especie-de-reptil-voador. Acesso em: 22 jul. 2022.

a) Qual é a fonte da notícia? Essa fonte é *on-line* ou impressa?

____

____

b) Qual é o assunto da notícia?

____

____

c) Releia o trecho a seguir.

> "A gente optou por crustáceos, **porque** este animal é bem largo na frente do seu bico, o que o diferencia de todos os outros pterossauros", completou.

- A palavra **porque** foi usada nesse trecho para:

☐ dar uma explicação.

☐ fazer uma pergunta.

☐ substituir a palavra "motivo".

4. Observe as imagens e complete as frases com as palavras do quadro.

porque porquê por que

a) 4 PM production/Shutterstock.com

______________ o ônibus ainda não saiu para o passeio?

b) Subbotina Anna/Shutterstock.com

Não poderei ir ao trabalho ______________ estou gripada.

c) Vitaliy Karimov/Shutterstock.com

O ______________ de você ter caído é o freio da bicicleta não estar funcionando direito.

CAPÍTULO 26

Termos essenciais da oração – sujeito e predicado

Leia o texto.

O mágico do castelo encantado

Eu sou um mágico. Moro num castelo encantado.

Os homens grandes não sabem de nada. Só as crianças é que conhecem o segredo...

[...]

Claudia Marianno

Erico Verissimo. *Rosa Maria no castelo encantado*. São Paulo: Companhia das Letrinhas, 2003. p. 3.

São termos essenciais da oração: **sujeito** e **predicado**.

Sujeito é o ser ou algo do qual se diz alguma coisa.

Veja estes exemplos retirados do texto.

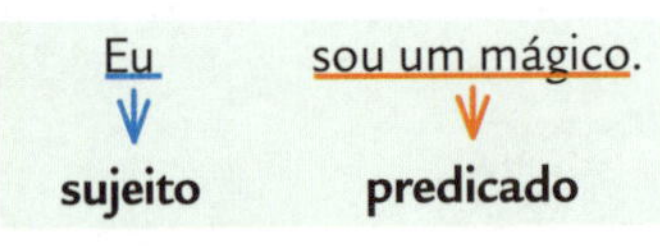

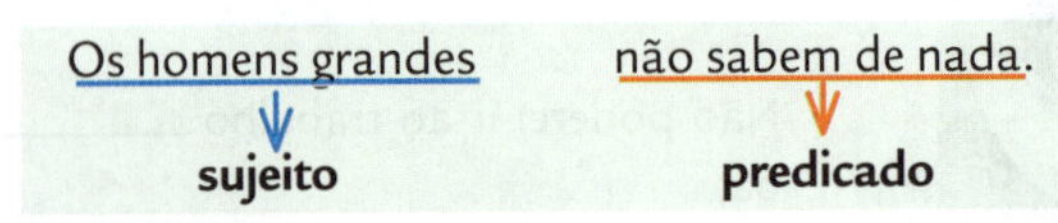

Para reconhecer o sujeito de uma oração, pergunta-se ao verbo: **quem?** ou **o quê?**.

A resposta geralmente será o sujeito.

Exemplo:

Só as crianças é que conhecem o segredo...

Pergunta: quem conhece o segredo?

Resposta: **só as crianças (sujeito)**.

O **núcleo do sujeito** é a palavra mais importante do sujeito. Ele pode ser representado por um substantivo ou por um pronome.

Exemplo:

> Meu amigo me emprestou um jogo.
> Sujeito: Meu amigo.
> Núcleo do sujeito: **amigo**.

O **sujeito** de uma oração pode ser classificado em:

- **simples**: quando apresenta apenas um núcleo.

  Exemplo:

  Leandro ganhou um prêmio no concurso de canto.

- **composto**: quando apresenta mais de um núcleo.

  Exemplo:

  Leandro e **Suzana** participaram do concurso de canto.

- **oculto**: quando não vem expresso na oração, mas pode ser identificado pela terminação do verbo.

  Exemplo:

  Ganhei um prêmio no concurso. (**eu**)

O sujeito é um termo essencial da oração. Além do sujeito, existe outro termo essencial: **o predicado**.

> **Predicado** é o que se declara sobre o sujeito.

Exemplo:

A menina	se fantasiou de super-heroína.
sujeito	**predicado**

Rawpixel.com/Shutterstock.com

O que a menina fez? **Se fantasiou de super-heroína.**

Se fantasiou de super-heroína é o predicado.

O verbo **fantasiou** é o núcleo do predicado.

Geralmente, o núcleo do predicado (ou seja, a parte mais importante do predicado) é o **verbo**.

ATIVIDADES

1. Circule o sujeito das orações.

Prostock-studio/Shutterstock.com

a) Certa tarde, as crianças brincaram no parque.
b) Helena ganhou um presente de sua irmã.
c) Já chegaram todos os convidados.
d) O aumento dos impostos preocupa os cidadãos.
e) Manoel comprou uma bicicleta nova.
f) Salgadinhos e docinhos não faltarão na festa.
g) Jéssica preparou uma salada de alface.
h) Vocês querem assistir a um filme?

2. Leia as orações e complete a tabela de acordo com o modelo.

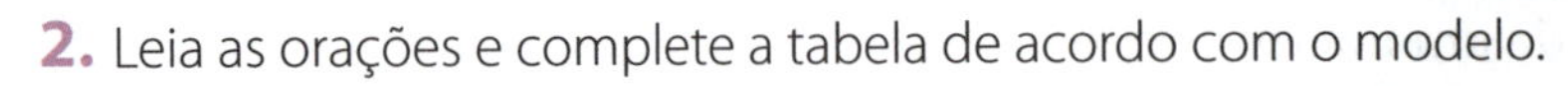

Martim corre no parque.

Sujeito	Predicado
Martim	corre no parque

a) Flora e Mirela são estudiosas.
b) O garoto acertou o alvo.
c) Meus tios e minha prima vieram nos visitar.
d) Nós torceremos pelo time.
e) São grandes amigos os dois meninos.
f) O professor entregou a prova para a turma.
g) O cachorro rasgou a cortina.

Sujeito	Predicado

3. Leia as frases e complete-as com os sujeitos do quadro abaixo.

nós	eu	pastéis	pé	Raul e seu irmão	ele	árvores	jabuti	elas

a) Nosso ________________ está no quintal.

b) ________________ estamos esperando por você.

c) ________________ lavaram a louça.

d) ________________ estavam animadas para a festa.

e) ________________ esqueci a carteira em casa.

f) O ________________ da mesa está quebrado.

g) ________________ foi o vencedor do campeonato.

h) Todos os ________________ da feira são bons.

i) As ________________ estão frutificando.

Natalia Duryagina/Shutterstock.com

pikselstock/Shutterstock.com

4. Classifique os elementos das frases conforme o modelo.

> O carro quebrou ontem.
> Sujeito simples: O carro.
> Núcleo do sujeito: carro.
> Predicado: quebrou ontem.
> Núcleo do predicado: quebrou.

a) Alice e Júlio jogam boliche juntos.

____

____

b) Compramos abacates e mangas na feira.

____

____

c) O meu irmão bebe leite sem açúcar.

____

____

Complementos verbais

Leia o poema a seguir.

As formigas

Cautelosas e prudentes,
O caminho atravessando,
As formigas diligentes
Vão andando, vão andando...
[...]
Esta carrega **a migalha**;
Outra, com passo discreto,
Leva **um pedaço de palha**;
Outra, uma pata de inseto.

Bruna Ishihara

Olavo Bilac. *Poesias Infantis*. Rio de Janeiro: Francisco Alves, 1904. p. 39-40.

No poema, os verbos **carrega** e **leva** exigem um complemento, indicando que uma formiga "carrega **a migalha**" e outra "leva **um pedaço de palha**".

Complementos verbais são termos que completam o sentido de alguns verbos.

Os complementos verbais são chamados de **objeto direto** e **objeto indireto**.

Objeto direto

Objeto direto é o complemento que vem ligado ao verbo sem preposição.

Exemplo:

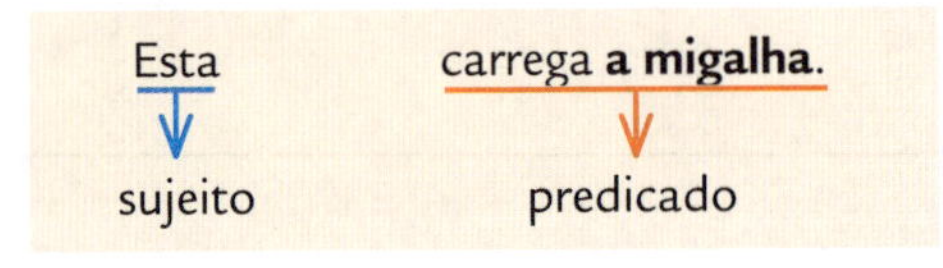

O verbo **carrega** é a parte mais importante do predicado – é o núcleo do predicado.

Carregar é um verbo que precisa de um complemento.

O que a formiga carrega? **A migalha**.

Nessa frase, **a migalha** é um complemento do verbo **carregar**, ligado a ele sem preposição – é um **objeto direto**.

Objeto indireto

Objeto indireto é o complemento que vem ligado ao verbo por uma preposição.

Exemplo:

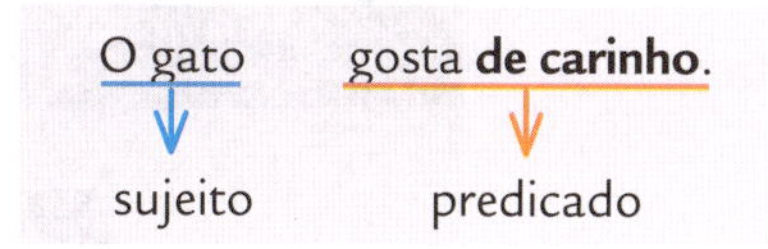

Do que o gato gosta? **De carinho**.

Carinho é o complemento do verbo **gostar**, ligado a esse verbo por meio da preposição **de** – é um **objeto indireto**.

Leia com atenção:

- Para se conhecer o **objeto direto**, faz-se a pergunta **o quê?** ou **quem?** depois do verbo.
- Para se conhecer o **objeto indireto**, faz-se uma das seguintes perguntas depois do verbo: **de quê?**, **de quem?**, **a quê?**, **a quem?**, **em quê?**, **em quem?**, **com quê?** ou **com quem?**.

Há verbos que precisam de dois complementos.

Exemplo:

O gato fez carinho em seu dono.

Fez o quê? → carinho (objeto direto)

Em quem? → em seu dono (objeto indireto)

Temos, nesses casos, um predicado com dois objetos: um **direto** e um **indireto**.

ATIVIDADES

1. Sublinhe os objetos diretos das frases a seguir.

a) Os alunos plantam uma árvore.

b) Os amigos comeram o churrasco.

c) Carolina chamou sua irmã para a festa.

d) Tadeu venderá o carro.

e) O pai lavou as panelas.

f) Clarissa comprou o quadro.

g) Eu fiz a lição de casa.

h) Meu primo ganhará um livro.

i) Nós preparamos seu irmão.

j) Fabiana ajudou o amigo.

k) O cachorro bebe água.

Dmytro Zinkevych/Shutterstock.com

2. Circule os objetos indiretos das frases a seguir.

Chebakalex7/Shutterstock.com

a) Maitê anda de patins.

b) Toda criança precisa de carinho.

c) Duvido dessas histórias.

d) Os convidados gostaram da torta.

e) Acredito em seus amigos.

f) Ele concordou com a professora.

g) Os alunos responderão aos testes.

3. Leia um trecho do conto "Ali Babá e os quarenta ladrões".

Numa distante cidade do Oriente, vivia um homem bom e justo, chamado Ali Babá.

Ali Babá era muito pobre. Morava numa tenda, entre um vasto deserto e um grande oásis.

Para sustentar a mulher, Samira, e os quatro filhos, Ali Babá oferecia seus serviços às caravanas de mercadores que passavam por ali. Estava sempre pronto para cuidar dos camelos, lavá-los, escová-los e dar-lhes água e alimento.

Os ricos comerciantes já conheciam Ali Babá e gostavam muito de seu serviço. Ele sempre cobrava o preço justo pelo trabalho, porém, muitas vezes, os mercadores davam-lhe mais, pois sabiam que ele vivia em dificuldades.

[...]

Claudia Marianno

BRASIL. Ministério da Educação. *Alfabetização*: livro do aluno – Contos tradicionais, fábulas, lendas e mitos. Brasília, DF: MEC, 2000. v. 2, p. 82. Disponível em: www.dominiopublico.gov.br/download/texto/me001614.pdf. Acesso em: 4 jun. 2022.

a) Observe o verbo em destaque no trecho abaixo.

Ali Babá **oferecia** seus serviços às caravanas de mercadores que passavam por ali.

- Esse verbo é transitivo direto e/ou indireto? Justifique sua resposta.

____

____

____

b) Agora, releia o trecho abaixo.

Os ricos comerciantes já **conheciam** Ali Babá e **gostavam** muito de seu serviço.

- O verbo **conheciam** é transitivo direto e/ou indireto? Copie e classifique o seu complemento.

____

____

- E o verbo **gostavam**, é transitivo direto e/ou indireto? Transcreva seu complemento e classifique-o.

____

____

4. Preencha o quadro com os elementos das orações abaixo, conforme o que se pede. Observe o modelo.

a) Joaquim releu o livro.

b) As meninas sabem de tudo.

c) Eu compreendi a situação.

d) Nós subimos a montanha.

e) Este desenho precisa de um retoque.

f) Kelly telefonou para seu amigo.

g) Isabela fará o bolo.

Pollyana Ventura/iStockphoto.com

Sujeito	Verbo	Preposição	Objeto	Classificação do objeto
Joaquim	releu	–	o livro	direto

O til (~)

O **til** (~) é um sinal gráfico empregado sobre as vogais **a** e **o** para que elas representem um som **nasal**.

Exemplos: ações, canção, nação.

1. Reescreva as frases empregando o til onde necessário.

a) O capitao da embarcaçao tem um cao.

____

b) Mamae foi ao sítio com meus irmaos.

____

c) Caí do colchao e machuquei o dedao da mao.

____

2. Complete o diagrama com o nome dos seres e objetos representados pelas imagens.

3. Leia a tirinha a seguir.

Tirinha com a Turma da Mônica, de Mauricio de Sousa.

a) No primeiro e segundo quadrinhos, Cebolinha procura Mônica com qual intenção?

____

____

b) No segundo quadrinho, qual é a reação da Mônica diante da atitude de Cebolinha? Justifique sua resposta com elementos não verbais presentes no quadrinho.

____

____

____

c) O que a Mônica quis dizer com a frase "Mas tem hora que parece que você não me conhece"?

____

____

____

d) Observe a palavra **papelão** no primeiro quadrinho. O til usado sobre a vogal **a** faz com que essa letra tenha um som nasal. Preencha as lacunas das palavras abaixo com **a** ou **ã** e assinale aquelas em que a vogal **a** leva **til** como na palavra **papelão**.

☐ maç____	☐ l____	☐ ____migo
☐ prat____	☐ pi____o	☐ c____bide
☐ bal____o	☐ garo____	☐ campe____o
☐ caminh____o	☐ coraç____o	☐ ____ve
☐ pap____i	☐ moç____	☐ emoç____o

RECORDANDO O QUE VOCÊ APRENDEU

1. Marque um **X** na alternativa que completa corretamente as frases.

a) Ontem
- [ ] as garotas jogarão.
- [ ] as garotas jogaram.

b) Na semana passada
- [ ] os homens partirão.
- [ ] os homens partiram.

c) Amanhã
- [ ] eles descansarão.
- [ ] eles descansaram.

d) No ano que vem
- [ ] eles terminarão a obra.
- [ ] eles terminaram a obra.

e) No mês que vem
- [ ] elas estarão de férias.
- [ ] elas estiveram de férias.

Sergey Novikov/Shutterstock.com

Bannafarsai_Stock/Shutterstock.com

2. Complete corretamente as frases com **mal** ou **mau**.

a) Na história da Chapeuzinho Vermelho tem o lobo ______________.

b) Ele ______________ terminou o trabalho e já foi embora.

c) Hoje Hélio acordou de ______________ humor.

d) Devemos corrigir esse ______________ hábito.

e) Bem me quer, ______________ me quer.

f) Gabriel e Jade ______________ se falam.

Mariya Stupak/Shutterstock.com

3. Leia as frases e reescreva-as empregando a pontuação correta.

a) Que problema difícil

____

b) Vou à feira comprar verduras legumes cereais e frutas

____

c) Letícia perguntou Esta tarde faremos algo

____

4. Leia, a seguir, o conto de fadas "O pássaro encantado".

Era uma vez uma rainha que deu à luz uma bela menina. O rei estava muito feliz com a chegada de sua primeira filha. Sete dias depois do nascimento, uma bruxa roubou a criança do berço e a jogou no rio. Por um milagre, a princesinha não se afogou: ficou boiando, e a correnteza a levou embora.

Claudia Marianno

Bem longe dali, um pescador resgatou o bebê, levou-o para casa e o mostrou à sua esposa. Eles decidiram criar, com muito amor e carinho, aquele neném.

E o tempo passou...

No aniversário de quinze anos da jovem, o casal contou-lhe a verdade. Eles choraram e se abraçaram. No dia seguinte, ela pediu permissão para procurar os pais.

Depois de caminhar muito, avistou uma senhora a pescar. Elas se cumprimentaram. Para surpresa da moça, a barqueira a levou até a outra margem do rio e, ao orientá-la, ainda lhe ofereceu um presente:

— Siga sempre pela trilha. Em algum momento, você vai encontrar um pássaro pousado em uma grande pedra. Encoste, levemente, esta varinha no corpo dele.

A jovem seguiu os conselhos e, olhando para todos os lados, caminhou com o coração batendo forte...

Em uma curva, avistou a pedra na sombra de uma grande árvore. Assim, encostou a varinha no pássaro e levou um belo susto. De repente, a ave se transformou em um príncipe, que anunciou:

— Ó, donzela, obrigado por me libertar! Conheço seus pais e vou levá-la até eles.

Quando entraram no castelo, o nobre convocou a rainha e o rei:

— Eis a menina que desapareceu, misteriosamente, há quinze anos!

Os pais custaram a acreditar no que viam, mas o rosto da jovem trazia muitos traços da mãe. Era, verdadeiramente, a filha querida! Eles se abraçaram, e muitas lágrimas de alegria nasceram... [...]

BRASIL. Ministério da Educação. *O pássaro encantado*. Brasília, DF: MEC, 2020. p. 3-11. (Conta pra Mim). Disponível em: https://documentcloud.adobe.com/link/track?uri=urn:aaid:scds:US:da5dbce0-9c33-4163-af2c-8f81047f0e11. Acesso em: 4 jun. 2022.

a) Quais são os personagens dessa história?

____

____

b) Onde se passa a história? E quando aconteceu?

____

____

____

c) A palavra **nascimento**, presente no texto, é paroxítona, pois tem como sílaba tônica a penúltima. Leia as palavras abaixo, retiradas do conto, e sublinhe as que também são paroxítonas.

feliz menina pássaro bruxa pescador princesinha
árvore bebê correnteza príncipe amor alegria lágrimas

d) Releia o primeiro parágrafo do conto e circule os verbos. Depois, classifique-os quanto à pessoa do discurso, ao tempo e ao modo.

____

____

5. Observe as imagens e complete as frases com um objeto direto ou um objeto indireto. **Dica**: veja qual pergunta deve ser feita ao verbo para saber se o complemento precisa ou não de preposição.

a)

Prostock-studio/Shutterstock.com

A menina prepara ________________ dos biscoitos com sua mãe.

b)

BMPhotolab/Shutterstock.com

O homem precisa ________________ para lavar o carro.

c)

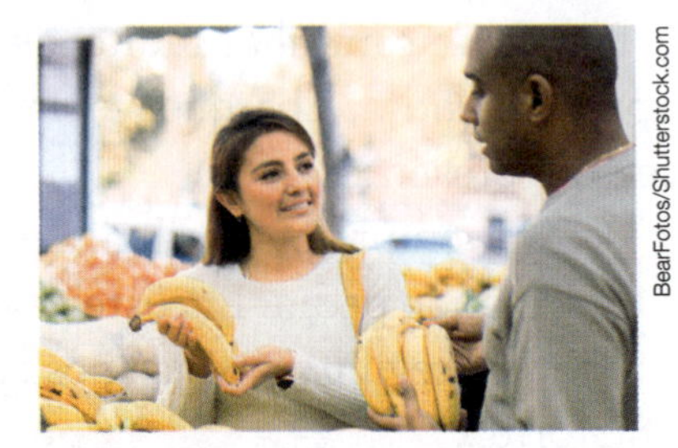

BearFotos/Shutterstock.com

A mulher pede ajuda ________________ para escolher as bananas.

d)

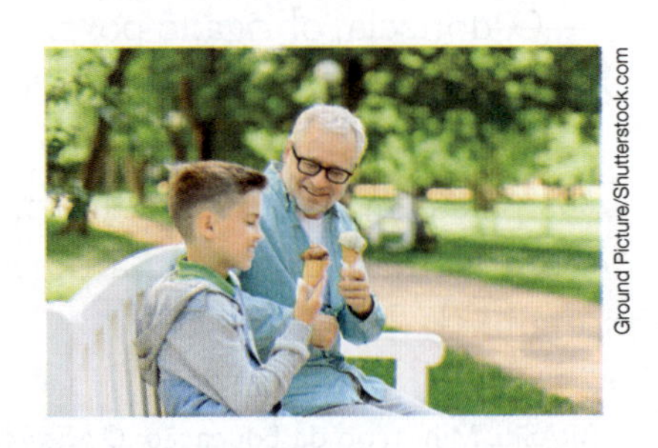

Ground Picture/Shutterstock.com

O avô toma ________________ no parque com o neto.

6. Releia, a seguir, um trecho do conto "O pássaro encantado".

Era uma vez uma rainha que deu à luz uma bela menina. O rei estava muito feliz com a chegada de sua primeira filha. Sete dias depois do nascimento, uma bruxa roubou a criança do berço e a jogou no rio. Por um milagre, a princesinha não se afogou: ficou boiando, e a correnteza a levou embora.

Bem longe dali, um pescador resgatou o bebê, levou-o para casa e o mostrou à sua esposa. Eles decidiram criar, com muito amor e carinho, aquele neném.

[...]

BRASIL. Ministério da Educação. *O pássaro encantado*. Brasília, DF: MEC, 2020. p. 3-5. (Conta pra Mim). Disponível em: https://documentcloud.adobe.com/link/track?uri=urn:aaid:scds:US:da5dbce0-9c33-4163-af2c-8f81047f0e11. Acesso em: 4 jun. 2022.

a) Copie do trecho uma palavra que represente cada uma das classes gramaticais a seguir.

Preposição	
Pronome possessivo	
Pronome demonstrativo	
Pronome pessoal do caso reto	
Adjetivo	
Artigo indefinido	
Artigo definido	

b) Releia a frase a seguir.

Era uma vez uma rainha que **deu à luz** uma bela menina.

- A expressão "dar à luz" significa que a rainha realizou o parto de sua filha. Há crase antes de **luz**, pois esta é uma palavra feminina após o verbo **dar**, que nesse contexto pede a preposição **a**. Assinale abaixo as frases em que a crase está aplicada corretamente, como em "dar à luz". Reescreva as expressões em que a crase não foi empregada corretamente, corrigindo-as.

☐ Daqui a pouco chegaremos **à praia**. ____________________

☐ Fomos **à lugares incríveis** nesta viagem. ____________________

☐ Vamos sair **à tarde** para comprar pão. ____________________

☐ **À noite** neste jardim é tão estrelada. ____________________

☐ Levei meu celular **à loja** de consertos. ____________________

7. Releia, a seguir, um trecho do conto africano "A galinha e a perdiz".

Antigamente, há muito tempo atrás, na floresta, a galinha e a perdiz eram grandes amigas. Foi assim, cada uma com a sua família.

Um dia, chovia em todos os lugares, especialmente na floresta. As duas amigas estavam molhadas, até mesmo sob as asas! Estava muito frio a tal ponto que todo mundo tremia. As duas amigas decidiram procurar uma fogueira para se aquecerem.

A perdiz propôs à galinha a ir à aldeia em busca de fogo. Antes que a galinha tomasse o caminho da aldeia, a perdiz teve tempo para mostrar-lhe como são os humanos e a necessidade de ser humilde diante deles.

A perdiz disse:

— Lá na aldeia, você vai encontrar seres humanos. Eles não são tão fáceis! Você tem que ser esperta. Cada um tem duas pernas, duas orelhas, dois braços, duas mãos, dois olhos. Se você se dirigir a eles gentilmente, eles vão ser educados com você e lhe darão o fogo que vai nos salvar.

[...]

Butoa Balingene. *Alguns contos africanos*. Lavras: Editora do Autor, 2016. p. 58-59.

a) Transcreva do conto:

- uma frase afirmativa:

____

- uma frase negativa:

____

- uma frase exclamativa:

____

b) Na palavra **braços**, presente no trecho lido, o **ç** foi usado antes da vogal **o** para representar o som de **s**. Complete as palavras abaixo com **c** ou **ç**. Depois, escreva as palavras completas.

_____eleiro _______________ _____inema _______________

a_____úcar _______________ a_____ude _______________

_____iclovia _______________ a_____erola _______________

ma_____ã _______________ mo_____o _______________

8. Preencha a tabela com substantivos derivados. Siga o modelo.

Substantivo simples	Substantivo composto	Substantivo derivado
água	água-viva	aguaceiro
banana		
cachorro		

9. Indique o gênero dos substantivos.

a) baleia ______

b) pessoa ______

c) mulher ______

d) jovem ______

e) bode ______

f) jacaré ______

Craig Lambert Photography/Shutterstock.com

10. Reescreva as frases substituindo os verbos em destaque pelos verbos irregulares **dizer**, **ir** e **pôr**.

a) **Coloque** mais açúcar, por favor.

______

b) Ela **falou** tudo o que sabia.

______

c) **Dirija-se** ao caixa, por favor.

______

d) Não **comente** mais nada.

______

11. Complete as frases com os verbos auxiliares do quadro.

têm	havia	estão	tem	foram

a) As mulheres ______ uma empresa cada uma.

b) Ele ______ dito que não faria mais aquilo.

c) Os funcionários ______ focados nesse trabalho.

d) Amanda e Renato ______ caminhar logo cedo.

e) Wesley ______ lido bastante ultimamente.

12. Complete as frases com **por que**, **porque**, **porquê** ou **por quê**.

a) ______ você não me ligou ontem à noite?

b) Não fomos ao sítio ______ estávamos cansados.

c) Eu sei o ______ de ele estar calado.

d) Você se atrasou muito hoje. ______?

e) Gosto de ler ______ me ajuda a relaxar.

13. Releia um trecho de um artigo do *Guia dos Curiosos* sobre os *tsunamis*.

> A parte mais externa da superfície rígida da Terra (litosfera) é formada por fragmentos, as chamadas placas tectônicas. Como elas se movem sobre uma camada de magma derretido, costumam ou se deslocar paralelamente (processo de subducção) ou colidir.

Marcelo Duarte. Como se formam os *tsunamis*. *Guia dos Curiosos*, [*s. l.*], 4 ago. 2020. Disponível em: https://www.guiadoscuriosos.com.br/ciencia-e-saude/geografia/como-se-formam-os-tsunamis/. Acesso em: 4 jun. 2022.

- Localize e copie as preposições desse trecho. ______________________________

a) Segundo o trecho, as placas tectônicas se movem em cima ou embaixo da camada de magma derretido?

____

b) Complete as frases a seguir com as preposições **sobre** ou **sob**, conforme indicado nos parênteses.

- Deixei o livro ______________ a mesa. (em cima de)
- O gato está ______________ a cadeira. (embaixo de)
- Coloque a bandeja ______________ o armário. (em cima de)
- A empregada colocou o lixo ______________ a pia. (embaixo de)

14. Observe as imagens e escolha no quadro a interjeição adequada para completar cada frase.

Cuidado!	Ufa!	Oba!	Tchau!

a) Sergey Novikov/Shutterstock.com

______________ A festa tem um pula-pula.

c) Andrey_Popov/Shutterstock.com

______________ O piso está molhado.

b) Tom Wang/Shutterstock.com

______________ Venho te buscar depois da aula.

d) Prostock-studio/Shutterstock.com

______________ Passei em todas matérias.

15. Leia o trecho de reportagem a seguir.

OS FUGITIVOS

O que acontece quando os bichos escapam no Zoo

Há bichos que teimam em escapar. Todo mundo no Zoológico de São Paulo conhece uma história. **Mas** poucas foram as vezes que os funcionários dali tiveram de enfrentar uma emergência como a registrada em julho de 2016. Fazia frio no dia da fuga de macacos-prego-do-peito-amarelo da ilha em que vivem no lago principal do lugar. Quando perceberam a aproximação dos tratadores, eles se jogaram na água e tentaram chegar na margem do lago. Foi um Deus nos acuda. A debandada dos macacos está entre os 32 casos de animais que escaparam do isolamento, do recinto ou de ilha em 2016. Todos foram recapturados.

[...]

Marcelo Godoy. Os fugitivos. *O Estado de S. Paulo*, São Paulo, [20--]. Disponível em: https://infograficos.estadao.com.br/cidades/vida-e-morte-no-zoo/os-fugitivos.php. Acesso em: 22 jul. 2022.

a) A conjunção **mas**, em destaque no texto, estabelece qual relação com o período anterior? Assinale a resposta correta.

- [ ] Relação de adição.
- [ ] Relação de oposição.

b) Na palavra **fugitivos**, a letra **g** representa o som de **j**, pois vem antes da vogal **i**. Isso também ocorre quando a letra **g** vem antes da vogal **e**, como na palavra **margem**. Localize no texto outras palavras em que a letra **g** representa o som de **j**.

____

c) Leia as palavras abaixo e assinale as que também possuem a letra **g** representando o som de **j**.

- [ ] geladeira
- [ ] salgado
- [ ] girafa
- [ ] água
- [ ] relógio
- [ ] goteira

16. Circule os verbos e indique o número de orações de cada período.

a) Luísa trouxe os doces e distribuiu às crianças. ______________

b) Lucas viajará com os amigos para surfar. ______________

c) O cachorro latiu e a menina assustou-se. ______________

d) Acordei cedo, troquei de roupa e fui para o trabalho. ______________

e) Comprei os lápis, vendi os livros e fiquei com os cadernos. ______________

17. Circule o sujeito e sublinhe o predicado das orações a seguir.

a) Eu fico muito cansado após os exercícios.

b) Minha mãe e meu irmão foram ao médico ontem pela manhã.

c) A vovó preparará deliciosos bolinhos de chuva para o lanche da tarde.

d) Eles fizeram um belo trabalho com as crianças da comunidade.

e) O cachorro e o gato são animais domésticos amigáveis.

f) Distribuirão suco de limão no almoço de amanhã na escola.

18. Faça como o modelo.

> Meu primo gosta de futebol.
> Sujeito simples: meu primo.
> Núcleo do sujeito: primo.
> Predicado: gosta de futebol.
> Núcleo do predicado: gosta.
> Objeto indireto: de futebol.

a) Aline guardou as roupas.

____

____

____

____

b) Téo e Artur assistiram ao filme.

____

____

____

____

c) Enviamos os presentes aos aniversariantes.

____

____

____

____